INHALTSVERZEICHNIS

MAXIMILIAN ALEXANDER KOCH

ENGLISCH LERNEN MIT CHATGPT

4x schneller zum Sprachprofi durch deinen eigenen Privatlehrer mit Künstlicher Intelligenz

Als Anfänger oder Fortgeschrittener gezielt zum Muttersprach-Niveau

Covergestaltung & Grafiken

Nadiya Morenko | morenko.de | Adriana Rechitean

EINLEITUNG

Dieses Buch stellt eine Schnittstelle zwischen Psychologie, Technologie und Sprache dar. Als Psychologe, Autor und angehender Informatiker vereinen diese drei Bereiche für mich faszinierende Welten, die zusammen eine außergewöhnliche Symbiose bilden. Eine Symbiose, die ein System hervorgebracht hat, das es jedem ermöglicht, mithilfe von ChatGPT schneller Englisch zu lernen als jemals zuvor.

Sprachanfänger haben hier besonderes Glück und sparen gut und gerne 80-90 % der Lernzeit. Die Ausbeute für Fortgeschrittene ist geringer, eine Verdopplung der Lerngeschwindigkeit ist aber auch für sie nicht unmöglich. Als aufmerksamer Leser mit mittelmäßigen Englischkenntnissen kannst du davon ausgehen, etwa 4x so schnell Englisch zu lernen, wie der Durchschnitt. Du benötigst dazu kein Vorwissen, keine besondere Begabung und kein technisches Know-how – allein Motivation und Freude am Lernen reichen aus.

Während meines Bachelors in Psychologie setzte ich mich intensiv mit Kognition und Lerntheorien auseinander und entdeckte dabei effektive Lernmethoden. Diese erlaubten es mir, ein Vollzeitstudium in Teilzeit zu absolvieren: Ich arbeitete und genoss Freizeit in den ersten vier Monaten des Semesters und widmete mich erst in den letzten 1-2 Monaten dem Lernen. Nur 3-4 Stunden täglich waren nötig, um Prüfungen erfolgreich zu meistern.

Mein Erfolg war nicht auf eine besondere Begabung zurückzuführen, sondern darauf, dass ich gelernt hatte, wie man lernt. Ein Paradoxon im Bildungssystem ist, dass wir Jahre damit verbringen, Fakten und

Konzepte zu lernen, uns jedoch selten der Methodik des Lernens selbst widmen. Das möchte ich mit diesem Buch ändern. Meine These: Die hier vorgestellten Ansätze kann jeder in kürzester Zeit und in jedem Bereich anwenden.

Noch vor einem Jahr hätte ich das nicht behauptet. Denn was im Feld der Psychologie für mich funktionierte, schien in meinem Zweitstudium, der Informatik, unmöglich. Das lag vor allem an Mathe. Ich fühlte mich in Mathe nie sicher und hatte Schwierigkeiten, meine bewährten Lerntechniken anzuwenden.

Doch warum teile ich dies mit dir? Sowohl Englisch als auch Mathematik sind nicht nur Zahlen und Worte, sie sind Schlüssel zur Welt. Die in diesem Buch vorgestellten Techniken sind universell und können in jeder Disziplin, von Mathematik über Englisch bis zur mittelalterlichen Pflanzenkunde, angewendet werden. Fühlst du dich in Englisch unsicher, so wie ich mich in Mathe? Kein Problem, es gibt endlich eine Lösung:

Meinen Master in „Psychology and Technology" absolvierte ich auf Englisch. Währenddessen stolperte ich über die Fähigkeiten von ChatGPT. Ein Datensatz von über 500.000 Wörtern, der eine wochenlange Auswertung durch ein mehrköpfiges Team erfordert hätte, wurde von der KI im Alleingang akkurat ausgewertet. Dies war der Wendepunkt, der mich dazu inspirierte, tiefer in die Möglichkeiten von ChatGPT einzutauchen. Ich wollte es darauf anlegen, und mit dem Chatbot an meiner Seite verwandelte sich die Informatik von einem herausfordernden Thema in ein interaktives Abenteuer. Aus stressigen Lernstunden in der Nacht wurden entspannte Spielminuten am Tag.

Diese Entdeckung motivierte mich, KI als Lernmittel einzusetzen. Ich sprach auch in meiner Freizeit über nichts anderes. ChatGPT wurde zu meiner Lösung für alles. Ein Sprichwort besagt: "Wer nur einen Hammer als Werkzeug hat, sieht in jedem Problem einen Nagel". Doch dieser "Hammer" funktionierte tatsächlich. Besonders beeindruckend war es, zu sehen, wie das richtige System das Englischlernen für unterschiedliche Altersgruppen, inklusive meiner eigenen Familie, revolutionierte. Alle, die ChatGPT auf meine Weise nutzten, verzeichneten ähnliche Lernerfolge wie ich während meines Psychologiestudiums.

Dieses Buch verbindet bewährte Lerntheorien mit modernster Technologie. Du wirst nicht nur lernen, wie du ChatGPT effizient einsetzt, sondern auch die zugrunde liegenden Prinzipien und Methoden verstehen. Es ist eine Einladung, in die Kunst des Lernens einzutauchen und das volle Potenzial der Technologie für das Sprachenlernen – und jede andere Herausforderung – zu nutzen.

Lesehinweis: Dieses Buch begleitet dich schrittweise durch den Lernprozess mit ChatGPT. Im ersten Kapitel erkunden wir die Synergien zwischen ChatGPT, Englisch und effektivem Lernen. Das zweite Kapitel ermöglicht dir einen raschen Einstieg, um ChatGPT binnen 5 Minuten in Betrieb zu nehmen. Das dritte Kapitel fokussiert sich auf gängige Lerntechniken, und Kapitel 4 behandelt die psychologischen Grundlagen des effektiven Lernens. In Kapitel 5 wird das volle Potenzial von ChatGPT entfaltet, welches im sechsten Kapitel mit innovativen Techniken kombiniert wird. Die folgenden Kapitel zerlegen die englische Sprache in ihre Grundelemente und zeigen, wie du dir diese mit ChatGPT in Windeseile systematisch aneignest.

Während viele Publikationen lediglich eine Liste vorgefertigter Nachrichten an ChatGPT bereitstellen, gehen wir tiefer. Wir vermitteln das Verständnis hinter den Nachrichten, sodass du individuell angepasste Anfragen für deine Anforderungen erstellen kannst. Dies gewährleistet die langfristige Relevanz dieses Buches.

Obwohl technologische Fortschritte, insbesondere bei KI und Chatbots, unaufhaltsam sind, bleiben die Grundlagen des Lernens, die in diesem Buch vorgestellt werden, konstant. Selbst in einigen Jahren werden die hier vorgestellten Methoden nützlich bleiben und durch fortlaufende Optimierungen von ChatGPT vermutlich noch effizienter sein.

Bist du bereit, die Revolution im Englischlernen zu erleben? Dann lass uns beginnen!

KAPITEL 1: ENGLISCH LERNEN MIT CHATGPT

WARUM ENGLISCH LERNEN?

Du hast dich für "Englisch lernen mit ChatGPT" entschieden. Und das aus gutem Grund, denn du verfolgst einen Plan. Etwas treibt dich an: eine bestimmte Vorstellung davon, warum du Englisch lernen möchtest.

Möglicherweise willst du geistig fit bleiben und das Potenzial deines Gehirns voll ausschöpfen. Wusstest du, dass das Erlernen einer neuen Sprache unglaubliche Vorteile für dein Gehirn mit sich bringt? Eine verbesserte Gedächtnisleistung, gesteigerte Konzentrationsfähigkeit und eine Verzögerung des kognitiven Alterns sind nur einige der Vorteile, die auf dich warten. Das Erlernen einer neuen Sprache erweitert deinen Horizont und stärkt dein Selbstbewusstsein.

Vielleicht hast du aber auch eine spezifische Situation im Kopf und siehst dich in schicken Konferenzräumen, in denen dein Geist vor Ideen sprudelt und du diese auf Englisch mühelos vermittelst, während deine Kollegen staunen. Vielleicht stellst du dir vor, wie du in den verwinkelten Gassen einer fremden Stadt mit Einheimischen plauderst und die ganze Welt als dein Zuhause empfindest. Vielleicht möchtest du neue Freundschaften knüpfen und das Kribbeln des ersten Gesprächs erleben, Geschichten und Gedanken austauschen, die nur durch das Medium der englischen Sprache möglich sind. Oder du willst das unermessliche Wissen ergründen, das nur eine Google-Suche entfernt, aber durch eine Sprachbarriere blockiert war.

Es könnten Menschen in deinem Leben oder Umfeld sein, die Englisch sprechen, und du möchtest diese Barriere überwinden, um dich mit ihnen auszutauschen. Oder du hast dich schon immer für die englische Kultur und Literatur interessiert und möchtest endlich die Originale erleben.

Ganz gleich, ob es um berufliche Ambitionen, kulturelle Entdeckungen, soziale Kontakte oder intellektuelle Abenteuer geht – mit Englisch hältst du den Schlüssel zu unzähligen Möglichkeiten in der Hand. Ein Schlüssel, der Türen öffnet zu Orten, die du dir vielleicht jetzt noch nicht einmal vorstellen kannst.

WARUM CHATGPT?

Unsere Welt wird stetig schneller und komplexer. Unsere Tage sind gefüllt mit Aufgaben, die unsere Aufmerksamkeit und Zeit fordern. Warum sollte also das Erlernen einer neuen Sprache nicht so effizient und bequem wie möglich gestaltet werden? Warum sollten wir nicht die modernsten Methoden und Tools nutzen, um schneller und besser zu lernen?

ChatGPT ist ein revolutionäres Tool, das Ergebnis modernster künstlicher Intelligenz und maschinellen Lernens. Du gibst einen sogenannten Prompt, also eine kurze Anfrage ein und ChatGPT liefert als Antwort einen zusammenhängenden und sinnvollen Text. Klingt zu schön, um wahr zu sein? Es mag so erscheinen, aber lass mich dir versichern: Es ist Realität. Die Texte von ChatGPT erreichen bereits das Niveau der besten 10 % der Prüflinge an Elite-Universitäten (OpenAI, 2023[1]). Du kannst diese Fähigkeit stets nutzen und ChatGPT zu deinem persönlichen Tutor machen. Denn

[1] OpenAI. (2023). GPT-4 technical report [Preprint]. arXiv.

Texte können nicht nur zur Lösung von Klausuraufgaben dienen, sondern auch ganze Interaktionen und Lernprozesse abbilden.

Vielleicht bist du skeptisch und erinnerst dich an die KI-Debatte der letzten Jahre sowie an Memes wie das folgende:

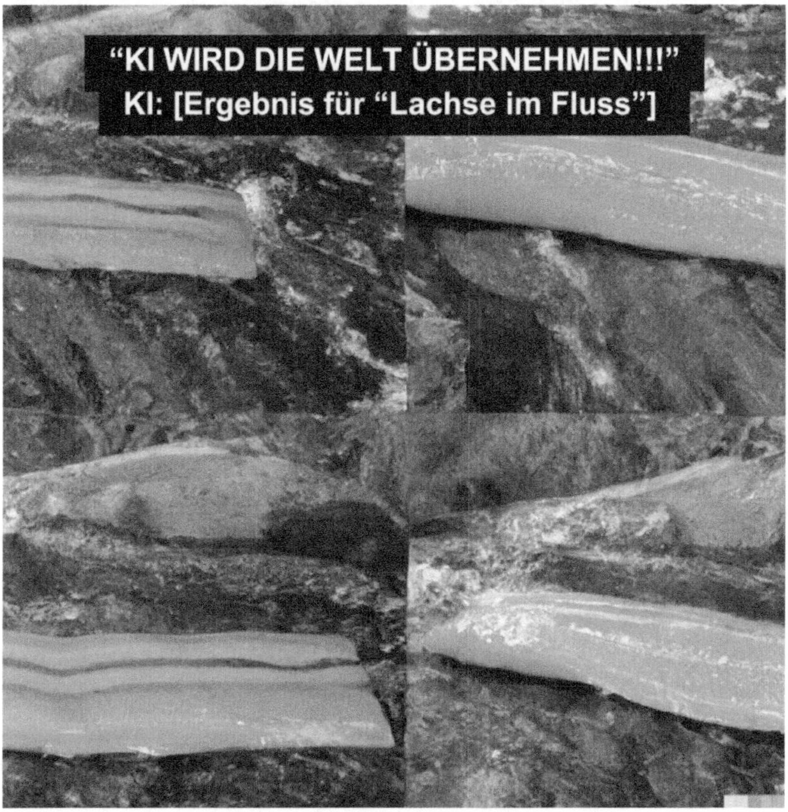

Abbildung 1: Lachs-Meme

Die obigen Bilder sind nicht real, sondern wurden vollständig von der Bild-KI „DALL-E" erstellt. DALL-E, entwickelt von OpenAI (dem Unternehmen, das auch hinter ChatGPT steckt), wurde einige Monate vor ChatGPT sehr populär. Während einige von den Fähigkeiten beeindruckt waren, machten andere Witze über die (vermeintliche) Unfähigkeit der KI, sinnvolle Ergebnisse zu erzeugen.

Dabei übersehen die Kritiker einen wichtigen Punkt: Alles hängt von der richtigen Eingabe bzw. dem richtigen Prompt ab.

Die Künstliche Intelligenz von ChatGPT funktioniert ähnlich wie unser Gehirn. Sie lernt, verbessert sich und reagiert auf das, was wir ihr geben. Stell dir vor, ChatGPT wäre ein Baby. Zu Beginn kann es nur brabbeln und nach seiner Mutter rufen. Aber mit der Zeit und mit jedem neuen Wort, das es lernt, wird es immer kompetenter. Ähnlich verhält es sich mit ChatGPT. Ebenso wie ein Kind muss auch ChatGPT trainiert werden. Es braucht die richtigen Fragen, um sinnvolle Antworten zu liefern. Wie wir mit KI kommunizieren und was wir von ihr erwarten, hängt davon ab, wie wir sie „füttern". Nur wenn wir der KI klare Anweisungen geben, kann sie die gewünschten Ergebnisse liefern. Genau dieses Training und diese Kommunikation mit ChatGPT sind das, was du in diesem Buch lernen wirst.

Betrachte das Beispiel mit dem Lachs. Wenn du ChatGPT bittest, ein Bild von einem „wandernden Lachs" zu erstellen, bekommst du vielleicht ein kurioses Ergebnis. Ein gut formulierter Prompt jedoch liefert ein detailgetreues Bild von Lachsen.

Abbildung 2: Echtes Lachsbild von DALL-E

Oben siehst du das Ergebnis für den Prompt: „Foto von mehreren Lachsen, die in einem ruhigen Fluss stromaufwärts schwimmen, wobei unter dem klaren Wasser Felsen und Kieselsteine sichtbar sind." Und woher stammt der Prompt hinter diesem Bild? Natürlich von der KI, die im Mittelpunkt dieses Buches steht: ChatGPT.

In diesem Buch wenden wir dasselbe Prinzip auf das Englischlernen an. Wir wollen nicht nur eine zufällige Sammlung von Wörtern und Phrasen (ähnlich einem toten Lachsstreifen), sondern präzise Sprachfähigkeit (der lebendige Lachs im Wasser). Das Ziel ist es, Sprachtest zu bestehen, an einer englischsprachigen Universität akzeptiert zu werden, international zu kommunizieren, usw.

ChatGPT ist zu jeder Zeit und an jedem Ort für dich da. Es passt sich an dein Lernpensum an und bietet dir eine maßgeschneiderte

Lernumgebung. Je länger du dich in dieser Umgebung aufhältst, desto besser wird dein Englisch. Und je besser du die Umgebung einrichtest, desto schneller wirst du Fortschritte machen. Wie du sie optimal gestaltest, erfährst du in diesem Buch.

P.S.: Übrigens, selbst das Lachsbild, das die KI schlecht darstellt, ist gestellt. Der tatsächliche Prompt war „migrating salmon fillets“, was „wandernde Lachsfilets“ bedeutet.

WARUM DIESES BUCH?

Dieses Buch stellt eine Strategie vor, die es dir ermöglicht, Englisch in einem Bruchteil der Zeit zu lernen. Es ist dein persönlicher Leitfaden, Sprungbrett und Ass im Ärmel. Es wird dir mithilfe neuester KI-Technologie und einem unkonventionellen Lernsystem dabei helfen, dein Lernziel zu erreichen. Skepsis ist natürlich angebracht: „Wenn es so einfach wäre, würde es nicht jeder machen?“, könntest du dich fragen.

Stell dir folgendes Szenario vor: Du versuchst, einen Nagel in eine Wand zu schlagen und schlägst dabei mit aller Kraft zu, nur um zu sehen, wie der Nagel sich verbiegt. Dann zeigt dir ein Handwerker eine bessere Technik: Den Nagel erst sanft ansetzen und dann mit kontrollierten Schlägen weitermachen. Du würdest sicherlich nicht argumentieren, dass, wenn diese Methode so gut ist, jeder sie verwenden würde.

In unserem Fall ist das neue Werkzeug nicht ein Hammer, sondern ChatGPT. Traditionelle Lernmethoden versuchen den Nagel von Hand in die Wand zu drücken. Dieses Buch hingegen legt dir den Hammer in die Hand und zeigt dir, wie du ihn optimal verwendest. Es bietet dir einen klaren Plan für den Umgang mit ChatGPT beim Sprachenlernen. Die Nutzung von ChatGPT mag extrem einfach erscheinen, doch das volle Potenzial wird oft nicht ausgeschöpft.

Einige sehen in ChatGPT eine revolutionäre Technologie, die alle unsere Probleme löst, während andere es für nichts weiter als eine Quelle von Fake News halten. Ich schlage einen Mittelweg vor: Wir erkennen die Grenzen von ChatGPT, sehen aber auch sein enormes Potenzial und streben danach, dieses bestmöglich auszuschöpfen. Mit diesem Buch wirst du nicht über Nacht zum Sprachgenie, aber es bietet eine schrittweise Anleitung zur effizienten Nutzung von ChatGPT beim Sprachenlernen. Statt sich mit trockenen Grammatikbüchern zu quälen, kannst du das Lernen als spannende Erfahrung erleben.

Denk daran, wie du dich beim Spielen von „Mensch ärgere dich nicht" fühlst. Einfache Matheaufgaben können monoton sein, ein Brettspiel jedoch macht Spaß. Dabei geht es bei beiden im Kern um dasselbe: einfache Additionsaufgaben. Das Lernen von Sprachen sollte eine angenehme und spannende Erfahrung sein. Genau das bietet dir dieses Buch: Eine schrittweise Anleitung zur Nutzung von ChatGPT beim Sprachenlernen.

KAPITEL 2: CHATGPT IN 5 MINUTEN EINRICHTEN UND NUTZEN

"GPT" ist der Name des Sprachmodells und "Chat" beschreibt, wie du mit ihm interagierst: über Textnachrichten, genau wie bei einem menschlichen Chatpartner. ChatGPT ist dadurch sehr einfach zu bedienen. Wenn du online einkaufen oder Nachrichten versenden kannst, verfügst du bereits über die nötigen technischen Fähigkeiten. Ich empfehle dir, parallel zum Lesen dieses Kapitels die hier gezeigten Schritte auszuführen. Denn nur wenn du das Beschriebene auch umsetzt, kannst du von diesem Buch profitieren.

Um zu starten, brauchst du einen Account:

1. Besuche die offizielle Seite: https://chat.openai.com.
2. Klicke auf "Sign Up" und folge den Anweisungen.
3. Du kannst dich mit deiner E-Mail, Google- oder Microsoft-Konto anmelden.
4. Gib deine Handynummer ein und bestätige sie mit dem SMS-Code. Dies verhindert den Missbrauch des Dienstes.
5. Logge dich anschließend über „Log In“ ein.

So einfach ist es, mit ChatGPT zu beginnen!

Sobald du eingeloggt bist, siehst du das folgende Chatfenster:

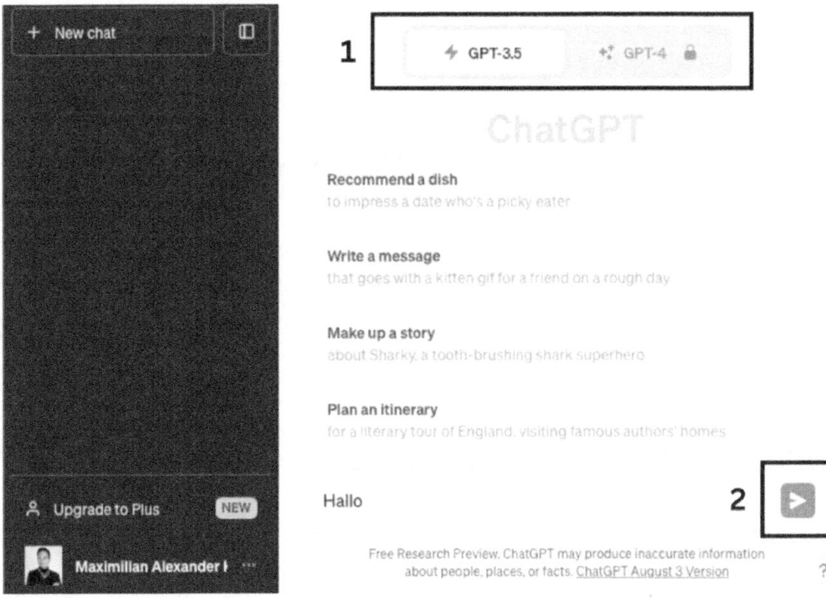

Schauen wir uns die Elemente einzeln an. In der Mitte des Fensters siehst du einen Schieberegler.

1) Mit dem Schieberegler kannst du zwischen der kostenlosen GPT-3.5-Version und der kostenpflichtigen GPT-4-Version, die 20 € pro Monat kostet, wechseln.

Ich empfehle dir, es zunächst mit der kostenlosen Version auszuprobieren und dann für maximalen Lernerfolg in die aktuelle Version zu investieren. Nicht weil ich von OpenAI gesponsert werde, sondern weil Zeit wertvoll ist. Die Effizienz von ChatGPT kann dir hunderte Stunden an Lern- und Arbeitszeit ersparen. Bei einem monatlichen Beitrag, der weniger als zwei Arbeitsstunden Mindestlohn entspricht, wird diese Investition schnell rentabel. Um dieses Buch so präzise wie möglich zu halten, greife ich auf GPT-4 zurück. Solltest du beim Nacharbeiten mancher Beispiele abweichende Ergebnisse feststellen, könnte dies an GPT-3.5 liegen. Aber keine Sorge: Alle hier vorgestellten Techniken sind auch mit dieser Version umsetzbar, wobei besseres "Prompting" erforderlich ist – eine Fähigkeit, die ich dir ausführlich in Kapitel 6 vermitteln werde.

2) Das zentrale Element des Chats befindet sich am unteren Rand der Seite: Das Eingabefeld. Hier tippst du deine Anfragen, die „Prompts" ein und klickst dann auf den dreieckigen "Senden"-Button in der rechten Ecke.

Jetzt kann es losgehen! ChatGPT antwortet und das Gespräch beginnt.

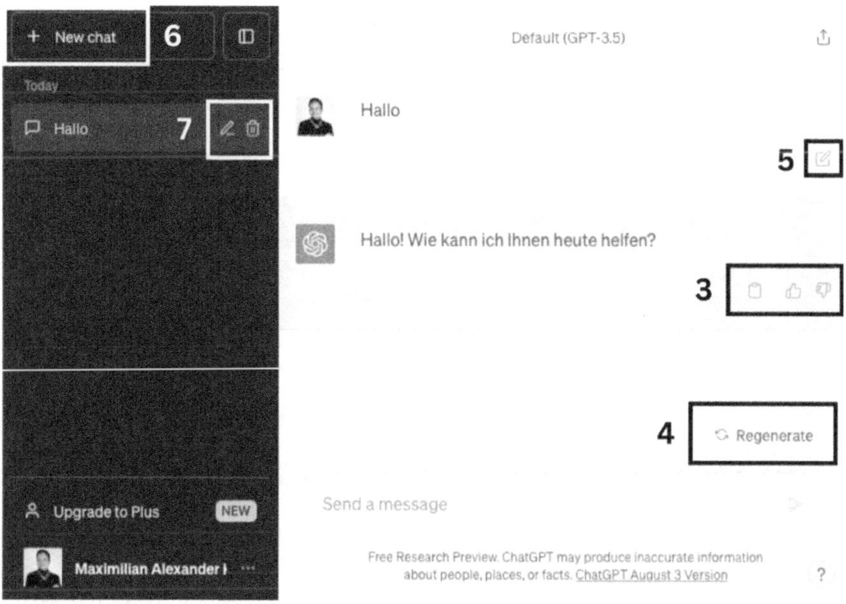

3) Die Icons rechts neben dem Text ermöglichen es dir, die Nachricht zu bewerten (Daumen hoch/Daumen runter) oder zu kopieren (Klemmbrett-Symbol).

4) Mit dem "Regenerate response"-Button kann ChatGPT die Antwort komplett neu formulieren.

5) Oben rechts ganz in der Ecke befindet sich ein Stift- und Papier-Icon. Mit einem Klick darauf kannst du bereits gesendete Nachrichten nachträglich bearbeiten und erhältst eine angepasste Antwort. Anschließend kannst du oben links zwischen den verschiedenen Nachrichten wechseln und der Chat zeigt automatisch die jeweilige Version an.

Betrachten wir die linke Seitenleiste. Hier werden unsere Gespräche angezeigt, wenn wir mehrere Chats führen und zwischen diesen wechseln möchten. Es funktioniert ähnlich wie mit parallelen Browser-Tabs und erlaubt uns, mit mehreren KI-Personen gleichzeitig zu interagieren. Da sich ChatGPT mit der Zeit an unsere Bedürfnisse anpasst, wird der Chat personalisiert und auf das jeweilige Gesprächsthema abgestimmt. Es ist vergleichbar mit menschlichen Chats: Jeder hat seine eigenen Insider-Themen und Schreibstile.

6) Über den "New Chat"-Button kannst du neue Chats beginnen.

7) Mit den kleinen Icons neben dem Chatnamen kannst du diese umbenennen, teilen oder löschen.

Das war's bereits. Nun kennst du das Wesentliche, um ChatGPT zu nutzen und zu chatten. Probiere es gleich aus!

VERSIONEN UND EINSCHRÄNKUNGEN

Wenn du die Gratis-Version von ChatGPT verwendest, wirst du gelegentlich auf das Problem stoßen, keine weiteren Nachrichten senden zu können. Das liegt an dem hohen Rechenaufwand, den jede Antwort von ChatGPT erfordert. Diese Rechenleistung wird nicht von deinem Gerät, sondern von den OpenAI-Servern bereitgestellt. Da die Serverkapazität begrenzt ist, reserviert OpenAI sie vorrangig für zahlende Kunden. Selbst Plus-Nutzer, die Zugang zum aktuellen GPT-4-Modell haben, sind derzeit auf 50 Nachrichten alle 3 Stunden beschränkt. Daher ist es umso wichtiger, mit gut durchdachten Prompts optimale Ergebnisse zu erzielen.

Die Anzahl der Wörter, die in einer Nachricht berücksichtigt werden können, ist ebenfalls beschränkt. Hierbei zählen sowohl die Anfrage (der Prompt) als auch die Antwort. Diese werden in Tokens umgewandelt und zusammengezählt. Tokens sind Indikatoren für den Rechenaufwand und korrelieren ungefähr mit der Wortanzahl: 100 Wörter entsprechen ca. 128 Tokens.

Insbesondere bei längeren Konversationen wird die Wortgrenze relevant. Auch wenn vieles aus dem direkten Kontext der letzten Nachricht hervorgeht, kann ChatGPT Schwierigkeiten haben, spezifische, vor langer Zeit übermittelte Informationen abzurufen. Um das zu überbrücken, kann man ChatGPT regelmäßig an wichtige Punkte erinnern. Je nach Version und Länge der Nachrichten erinnert sich ChatGPT an sämtliche Details der letzten 3-10 Nachrichten. Stell dir einfach vor, du würdest mit einer Person reden, die sich nur an das erinnern kann, was du mit ihr vor wenigen Stunden besprochen hast.

Ursprünglich lag die Grenze für GPT-3 bei etwa 1.500 Wörtern. Für GPT-3.5 wurde sie auf ca. 3.000 Wörter und für GPT-4 auf 6.000 Wörter erhöht. Es sind jedoch Erweiterungen dieser Grenzen geplant, und mit dem Erscheinen von GPT-5 könnten sich die Dinge erneut ändern.

Die ChatGPT App: Die ChatGPT App ist der Webversion sehr ähnlich, bietet jedoch eine zusätzliche, wertvolle Funktion: die Spracheingabe. Du kannst deine Nachrichten einfach einsprechen. Anschließend wird deine Sprache automatisch transkribiert, und du kannst das Transkript überarbeiten, bevor du es abschickst.

Nachdem du ChatGPT aktiviert hast, wirst du feststellen, wie intuitiv die Bedienung ist. Warum also dieses Buch? Könntest du nicht einfach mit der KI direkt interagieren und sie bitten, dir Englisch beizubringen? Lass es uns ausprobieren und schicke ChatGPT deinen ersten Prompt.

Wichtig ist, dass die Prompts und Interaktionen mit ChatGPT, die ich hier zeige, nur gekürzte Beispiele sind. In realen Interaktionen kannst du deine Erfahrung erweitern. ChatGPT wird meistens auf deine Anfragen reagieren, wenn du die richtige Herangehensweise wählst. Das ist das sogenannte "Prompting", das du im Laufe dieses Buches lernen wirst. Jeder hier gezeigte Prompt dient als Beispiel. Die reale Erfahrung kann weitaus umfassender und fruchtbarer sein.

DIE ERSTE UNTERHALTUNG

Hey ChatGPT, bitte bring mir Englisch bei.

Natürlich kann ich dir beim Englischlernen helfen! Was genau möchtest du lernen? Grammatik, Vokabeln, Konversation oder etwas anderes? Lass es mich wissen und ich werde mein Bestes tun, um dir zu helfen.

Ähm, alles…

Natürlich! Lass uns mit den Grundlagen beginnen. Hier sind einige grundlegende englische Ausdrücke und Sätze, die dir den Einstieg erleichtern:

1. Begrüßung:

- Hello! (Hallo!)
- Hi! (Hallo!)
- Good morning! (Guten Morgen!)
- Good afternoon! (Guten Tag!)
- Good evening! (Guten Abend!)

2. Vorstellung:

- My name is [Name]. (Ich heiße [Name].)
- Nice to meet you. (Schön, dich kennenzulernen.)
- How are you? (Wie geht es dir/Ihnen?)

3. Höflichkeitsformeln:

- Please. (Bitte.)
- Thank you. (Danke.)
- You're welcome. (Bitte schön.)

- Excuse me. (Entschuldigung.)

4. Alltagsfragen:

- Where is the restroom? (Wo ist die Toilette?)

- How much does it cost? (Wie viel kostet das?)

- Can you help me, please? (Können Sie mir bitte helfen?)

- What time is it? (Wie spät ist es?)

5. Einfache Konversation:

- How was your day? (Wie war dein Tag?)

- What do you do for a living? (Was machst du beruflich?)

- Do you have any siblings? (Hast du Geschwister?)

- What are your hobbies? (Was sind deine Hobbys?)

Das sind nur einige Beispiele, um dir den Einstieg zu erleichtern. Wenn du spezifische Fragen zur Grammatik, Vokabeln oder zu anderen Themen hast, stehe ich gerne zur Verfügung, um sie zu beantworten. Außerdem kann ich Übungen anbieten, um deine Englischkenntnisse zu verbessern.

Bitte biete mir die Übungen an.

Natürlich! Hier sind ein paar Übungen, mit denen du deine Englischkenntnisse verbessern kannst:

1. Vokabelübungen:

Erstelle eine Liste mit neuen Vokabeln, die du lernen möchtest. Schreibe die englischen Wörter auf der einen Seite eines Karteikartensets und die Bedeutungen auf der anderen Seite. Gehe die Karten regelmäßig durch, um dir die Vokabeln einzuprägen.

- Verwende die neuen Vokabeln in eigenen Sätzen, um sicherzustellen, dass du sie richtig verstehst und anwenden kannst.

2. Grammatikübungen:

- Mache Übungen zur englischen Grammatik, z.B. zu den Verbformen, Zeitformen, Pronomen oder Satzstrukturen. Es gibt zahlreiche Online-Ressourcen und Bücher, die Übungsmaterialien bieten.

- Schreibe kurze Texte auf Englisch und überprüfe anschließend, ob die Grammatik korrekt ist. Du kannst auch um Feedback von Muttersprachlern oder Englischlehrern bitten.

3. Hörverständnisübungen:

- Höre englische Podcasts, Radiosendungen, Songs oder schaue englischsprachige Filme und Serien. Versuche, den Inhalt zu verstehen und mache dir Notizen zu wichtigen Informationen.

- Nutze Online-Plattformen, die Hörverständnisübungen anbieten. Versuche, Fragen zu beantworten, die den Inhalt des Gehörten betreffen.

4. Konversationsübungen:

- Suche nach englischsprachigen Tandempartnern oder Sprachaustauschgruppen, um regelmäßig auf Englisch zu sprechen.

- Stelle dir selbst Fragen zu bestimmten Themen und beantworte sie laut auf Englisch. Das hilft dir, fließendes Sprechen zu üben.

5. Schreibübungen:

- Schreibe Tagebucheinträge oder kurze Geschichten auf Englisch.

- Suche nach Schreibaufgaben oder -übungen online, die es dir ermöglichen, deine Schreibfähigkeiten zu verbessern.

Es ist wichtig, regelmäßig zu üben, um Fortschritte beim Englischlernen zu erzielen. Setze dir realistische Ziele und arbeite kontinuierlich daran, deine Kenntnisse zu erweitern.

Mach die Übungen mit mir.

Natürlich kann ich dich bei den Übungen unterstützen! Lass uns mit einer Vokabelübung beginnen. Nenne mir bitte ein Thema oder eine Liste von Wörtern, die du lernen möchtest, und ich werde dir helfen, Sätze damit zu bilden.

"Thema: Alltagskonversationen"

Ausgezeichnet! Hier sind einige Vokabeln zum Thema Alltagskonversationen:

1. Grußformeln:

- Hello (Hallo)

- Hi (Hallo)

- Good morning (Guten Morgen)

- Good afternoon (Guten Tag)

- Good evening (Guten Abend)

2. Vorstellung:

- My name is... (Ich heiße...)

- Nice to meet you. (Schön, dich kennenzulernen.)

- How are you? (Wie geht es dir/Ihnen?)

- What do you do for a living? (Was machst du beruflich?)

- Where are you from? (Woher kommst du?)

3. Small Talk:

- How was your day? (Wie war dein Tag?)

- What are you up to? (Was treibst du so?)

- Any plans for the weekend? (Hast du Pläne für das Wochenende?)

- Have you seen any good movies lately? (Hast du in letzter Zeit gute Filme gesehen?)

4. Höflichkeitsformeln:

- Please (Bitte)

- Thank you (Danke)

- You're welcome (Bitte schön)

- Excuse me (Entschuldigung)

- I'm sorry (Es tut mir leid)

Lass uns nun Sätze mit diesen Vokabeln bilden. Gib mir bitte einen Satz oder eine Frage vor, und ich werde ihn auf Englisch beantworten oder dir dabei helfen, ihn zu übersetzen.

Es war möglicherweise mühsam und langweilig, den obigen Abschnitt zu lesen, oder? Es entspricht nicht wirklich dem, was man von einer revolutionären neuen Technologie erwartet. Aber erinnere dich an den Lachs und das Baby: Die Qualität der Antworten von ChatGPT hängt entscheidend vom Prompt ab. Im nächsten Kapitel werden wir hierfür einige Techniken kennenlernen, die du sofort anwenden kannst.

KAPITEL 3: CHATGPT TECHNIKEN FÜR EINSTEIGER

Bevor wir uns in die fortgeschrittenen Techniken und exklusiven Inhalte dieses Buches vertiefen, möchte ich sicherstellen, dass du die grundlegenden Techniken kennst, um effektiv mit ChatGPT zu arbeiten. Dieses Kapitel soll allen Lesern einen gemeinsamen Ausgangspunkt bieten. Falls du dich bereits mit den hier vorgestellten Grundlagen auskennst, sieh dieses Kapitel als Auffrischung. Doch lass dich nicht täuschen: Das Herzstück dieses Buches und die wirklich bahnbrechenden Methoden und Techniken folgen in den späteren Kapiteln. Diese wirst du nirgendwo anders finden. Ich empfehle dir also dranzubleiben, selbst wenn du denkst, dass du einige der hier vorgestellten Basics schon kennst. Das Beste kommt noch!

Technik 1: Grundlegende Konversation

Starte mit einfachen Gesprächen auf Englisch. Aufforderungen wie "Tell me about a cool movie." („Erzähl mir von einem coolen Film.") oder "What's the story of the book 1984?" („Was ist die Geschichte des Buches 1984?") sind ideal, um auf die Antworten von ChatGPT zu reagieren.

Technik 2: Einfache Anfragen

Bitte ChatGPT, dir einfache englische Sätze oder Redewendungen zu erläutern, wie zum Beispiel: "ChatGPT, could you explain the phrase 'break a leg'?" ("ChatGPT, könntest du den Ausdruck 'sich ein Bein brechen' erklären?").

Technik 3: Übersetzungen

Präsentiere ChatGPT einen Satz in deiner Muttersprache und lasse ihn diesen ins Englische übersetzen. Anschließend kannst du den englischen Satz analysieren und probieren, ihn zurück in deine Sprache zu übersetzen.

Technik 4: Lesen und Zusammenfassen

Fordere ChatGPT auf, einen kurzen englischen Text zu erstellen, den du dann in deiner Sprache zusammenfassen kannst, etwa: "ChatGPT, could you write a short story about a dog?" ("ChatGPT, kannst du eine Kurzgeschichte über einen Hund schreiben?").

Technik 5: Rechtschreib- und Grammatikcheck

Verfasse einen englischen Text und bitte ChatGPT, diesen auf mögliche Rechtschreib- und Grammatikfehler zu überprüfen, z.B.: "ChatGPT, could you check this text for errors?" ("ChatGPT, kannst du diesen Text auf Fehler überprüfen?").

Technik 6: Geschichten-Erweiterung

Lass dir von ChatGPT den Anfang einer Geschichte liefern und führe diese dann auf Englisch fort: "ChatGPT, could you start a story about a space adventure?" ("ChatGPT, kannst du eine Geschichte über ein Weltraumabenteuer erzählen?").

Technik 7: Rollenspiele mit Charakteren

Bitte ChatGPT, eine Rolle zu übernehmen (etwa einen englischen Historiker oder australischen Surfer) und führe dann ein Gespräch auf Englisch mit dieser Figur.

Technik 8: Quiz und Rätsel

Lass dir von ChatGPT Quizfragen oder Rätsel auf Englisch erstellen, beispielsweise: "ChatGPT, could you create a quiz about English idioms?" ("ChatGPT, könnten Sie ein Quiz über englische Redewendungen erstellen?").

Technik 9: Virtuelle Ausflüge

Erhalte von ChatGPT eine Beschreibung eines Ortes in einer englischsprachigen Stadt, als wärest du dort: "ChatGPT, describe walking through Central Park in New York." ("ChatGPT, beschreibe einen Spaziergang durch den Central Park in New York.").

Technik 10: Fehlerjagd

Bitte ChatGPT, einen Text mit absichtlichen Fehlern zu verfassen, die du dann korrigieren sollst: "ChatGPT, could you write a paragraph with intentional mistakes for me to correct?" ("ChatGPT, könntest du einen Absatz mit absichtlichen Fehlern schreiben, den ich dann korrigieren kann?").

Probiere verschiedene Prompts aus und finde heraus, welche Technik am besten zu dir passt. Die oben vorgestellten Beispiele sind deshalb so einfach gehalten, da ich sie mithilfe von ChatGPT erstellt habe. Mit detaillierten und spezifischen, selbst geschriebenen Anweisungen erzielst du bessere Ergebnisse.

So wie im folgenden Beispiel:

Thema: Floristik | Level: Einsteiger | Format: Kombination aus Multiple Choice und ausführlichen Antworten | Anzahl der Fragen: 10

Bitte erstelle die angegebene Anzahl an Prüfungsfragen basierend auf dem ausgewählten Thema und Level, um meine Kenntnisse zu bewerten. Nach jeder meiner Antworten wünsche ich mir ein konstruktives Feedback. Fahre mit den Fragen fort, bis die angegebene Anzahl an Fragen erreicht ist. Bewerte am Ende meine Gesamtleistung und gib Hinweise, wo Verbesserungspotenzial besteht, basierend auf den Fehlern, die ich gemacht habe.

```
Selbstverständlich! Lass uns mit der ersten Frage beginnen:
```

Frage 1 (Multiple Choice): Welche der folgenden Pflanzen ist KEINE Zierpflanze?

a) Rose

b) Lavendel

c) Weizen

d) Tulpe

Bitte gib deine Antwort an.

(Nachdem du geantwortet hast, werde ich mit dem Feedback fortfahren und zur nächsten Frage übergehen.)

c

Richtig! Weizen ist eine Getreideart und keine Zierpflanze. Gut gemacht!

Frage 2 (Ausführliche Antwort): Was sind die Hauptfaktoren, die man bei der Pflege von Schnittblumen beachten sollte, um ihre Frische zu bewahren?

Bitte gib deine Antwort ab.

(Nachdem du geantwortet hast, werde ich mit dem Feedback fortfahren und zur nächsten Frage übergehen.)

Sie ins Wasser stellen?

Das ist ein wichtiger Faktor, ja! Schnittblumen benötigen frisches Wasser, um ihre Frische zu bewahren. Allerdings gibt es noch weitere Faktoren, die berücksichtigt werden sollten:

Frisches Wasser: Wie du bereits erwähnt hast, ist es wichtig, die Blumen in frisches Wasser zu stellen und dieses regelmäßig zu wechseln.

Schnittstellen auffrischen: Das Schneiden der Stiele unter einem Winkel kann helfen, die Wasseraufnahme zu verbessern.

Vermeiden von direktem Sonnenlicht: Ein Platz im Schatten kann die Lebensdauer verlängern.

Frischhaltemittel: Einige Schnittblumen profitieren von speziellen Frischhaltemitteln, die dem Wasser zugesetzt werden können.

Reinheit: Das Wasser sollte sauber sein, und es sollte kein Laub im Wasser sein, da dies die Bildung von Bakterien fördert.

Nun zur nächsten Frage!

Frage 3 (Multiple Choice): Welche der folgenden Pflanzen ist für ihre duftenden Blüten bekannt?

a) Kaktus

b) Farn

c) Jasmin

d) Efeu

Bitte gib deine Antwort an.

... es folgen weitere Fragen und Antworten und am Ende das Fazit:

Du hast von den gestellten Fragen den Großteil korrekt beantwortet. Deine Kenntnisse im Bereich der Floristik auf Einsteiger-Niveau sind solide.

Verbesserungsvorschläge:

- Bei ausführlichen Antworten könntest du versuchen, noch etwas detaillierter zu antworten, um ein tieferes Verständnis des Themas zu demonstrieren.

```
- Es wäre auch hilfreich, weiterführende Literatur oder Online-Ressourcen zur Floristik zu studieren, um dein Wissen weiter zu vertiefen.

Insgesamt machst du jedoch gute Fortschritte! Weiter so!
```

Prompts funktionieren besonders gut, wenn du sie auf Englisch an ChatGPT richtest. Auf diese Weise erkennt die KI sofort, dass du eine überwiegend englischsprachige Konversation anstrebst. ChatGPT ist es gewohnt, Nutzern zu begegnen, die in rudimentärem Englisch kommunizieren. Daher wird er dich sicherlich verstehen, selbst wenn du Schwierigkeiten hast, flüssige Sätze zu formulieren. Unbekannte englische Wörter kannst du problemlos durch deutsche Begriffe ersetzen.

Hier ein überspitztes Beispiel:

> Please make me Vokabeln lernen über important zeug in Theme bloomen

```
It sounds like you'd like to learn vocabulary related to the theme of "flowers" (Blumen in German). Here's a list of relevant vocabulary in German with their English translations:

1. die Blume - flower

2. das Blumenbeet - flowerbed

3. die Rosen - roses

4. die Tulpen - tulips

5. die Gänseblümchen - daisies

[...]

Remember, the best way to learn vocabulary is through repeated exposure and practice. Try making sentences with these words, writing them out, speaking them aloud, or even finding images to associate with each word. This
```

```
will help reinforce your memory. Viel Erfolg beim Ler-
nen! (Good luck with your learning!)
```

Solltest du etwas nicht verstehen, kannst du ChatGPT stets darum bitten, es dir auf Deutsch zu erläutern. Es ist ebenfalls möglich, gänzlich auf Deutsch mit ChatGPT zu interagieren. Da dein Ziel jedoch das Erlernen der englischen Sprache ist, ist es vorteilhaft, wenn du, wann immer möglich, auf Englisch zurückgreifst.

Je komplexer der Prompt und je begrenzter dein Wortschatz, desto herausfordernder wird es, den Prompt in Englisch zu formulieren. Dennoch solltest du den Versuch wagen.

Falls es nicht klappt, hast du immer noch eine hilfreiche Option zur Hand – ChatGPT kann dir dabei helfen, den Prompt ins Englische zu übertragen:

```
Topic: Floristry | Level: Beginner | Format: Combination
of Multiple Choice and Detailed Responses | Number of
Questions: 10

Please create the specified number of exam questions
based on the chosen topic and level to assess my
knowledge. After each of my answers, I would like con-
structive feedback. Continue with the questions until
the specified number of questions has been reached. At
the end, evaluate my overall performance and provide
insights on areas of potential improvement, based on the
mistakes I made.
```

Nun fragst du dich vielleicht: Warum diesen zusätzlichen Schritt unternehmen und nicht direkt auf Deutsch formulieren, wenn ChatGPT die Eingabe ohnehin versteht? Der Grund liegt in der ersten Nachricht eines Chats. Sie definiert den Kontext für die gesamte folgende Unterhaltung. Bei simplen Gesprächen kann ChatGPT den Kontext zwar flexibel anpassen, doch bei komplexen Anfragen erschwerst du es der KI unnötig, dir effektiv zu assistieren.

KAPITEL 4: DIE PSYCHOLOGIE DES LERNENS

Nachdem du nun die Grundlagen von ChatGPT kennst, wollen wir tiefer in das Thema Lernen eintauchen. Im nächsten Kapitel werden wir uns damit befassen, wie man mithilfe von ChatGPT nahezu alles simulieren kann. Diese Fertigkeit nutzen wir, um den idealen Lernprozess zu simulieren. Um das zu bewerkstelligen, müssen wir aber zuerst verstehen, wie Lernen funktioniert und was den idealen Lernprozess ausmacht.

SO FUNKTIONIERT LERNEN IM GEHIRN

Abbildung 2: Neuronen im Gehirn

Unser Gehirn besteht aus Neuronen – Nervenzellen, die miteinander verbunden sind und sich gegenseitig Signale senden. Die Verbindungen zwischen den Neuronen werden Synapsen genannt.

Je öfter dieselben Neuronen miteinander kommunizieren, desto fester wird diese Verbindung. Werden mehrere dieser Verbindungen genutzt, bildet sich ein neuronaler Pfad, den das Gehirn bevorzugt verwendet.

Stell dir das Gehirn als riesige Stadt vor. In dieser Stadt repräsentieren Straßen und Wege die neuronalen Verbindungen. Die Häuser entsprechen den Neuronen. Aus jedem Haus kommen und gehen Menschen, die Nachrichten übermitteln, vergleichbar mit den Signalen zwischen den Neuronen. Die Straßen, welche die Häuser verbinden, entsprechen unseren Synapsen. Je breiter diese Straßen, desto mehr "Menschen" – oder Signale – können sie passieren.

Wenn du beginnst, Englisch zu lernen, legst du anfangs kleine Wege in dieser Stadt an. Die ersten Vokabeln könnten wie schmale Pfade zu neuen, interessanten Plätzen sein. Je öfter du diese Wege nutzt, etwa um "hello", "yes" oder "no" zu sagen, desto breiter werden sie. Sie könnten sich zu Hauptstraßen oder Autobahnen entwickeln, die deine Gedanken zügig und effizient leiten. Sprachen sind wie ein Netz aus Wegen und Straßen. Doch wie in jeder Stadt gibt es auch hier Straßen, die selten genutzt werden und verfallen. Wenn du zum Beispiel aufhörst, Englisch zu lernen, werden einige Wege weniger genutzt und könnten überwuchert werden.

Genauso wie in einer realen Stadt, wo neue Attraktionen Menschen neue Wege entdecken lassen, verhält es sich auch in deinem Gehirn. Vertiefst du dich in die englische Sprache, entdeckst du vielleicht neue Vokabeln und Zusammenhänge. Anfangs sind die Verbindungen zwischen diesen Wörtern nur schmale Pfade, doch mit Wiederholung und Übung können sie zu belebten Straßen werden.

Abschließend: Deine "Gehirn-Stadt" ist ständig im Wandel. Sie passt sich an, je nachdem welche "Straßen" du häufig benutzt oder vernachlässigst. Neue Sprachen, Fähigkeiten oder Erinnerungen tragen zur stetigen Veränderung des Netzwerks dieser Stadt bei.

Die Netzwerke in deinem Gehirn ergeben Muster, die Gedanken und mentale Bilder repräsentieren und sich gegenseitig beeinflussen. Dies kann man sich wie ein Musikstück vorstellen, das durch Noten abgebildet wird: Einige Noten harmonieren gut miteinander und bilden einen Akkord, der häufig gespielt wird. Akkorde und Noten auf dem richtigen Rhythmus ergeben eine Melodie. Diese kann notiert und als Muster beispielsweise auf einer CD gespeichert werden. Wird die CD abgespielt, erklingt die Melodie erneut – sie wird "erinnert".

Mit den oben erläuterten Erkenntnissen können wir Lernprinzipien definieren und ihre Effektivität überprüfen. Anstatt das Rad neu zu erfinden, können wir uns auf bereits etablierte und wissenschaftlich fundierte Prinzipien stützen. Die Lernpsychologie hat im Laufe der Jahre umfangreiche Forschung in diesem Bereich betrieben und uns konkrete, bewährte Prinzipien vorgeschlagen.

4 PRINZIPIEN DER LERNPSYCHOLOGIE

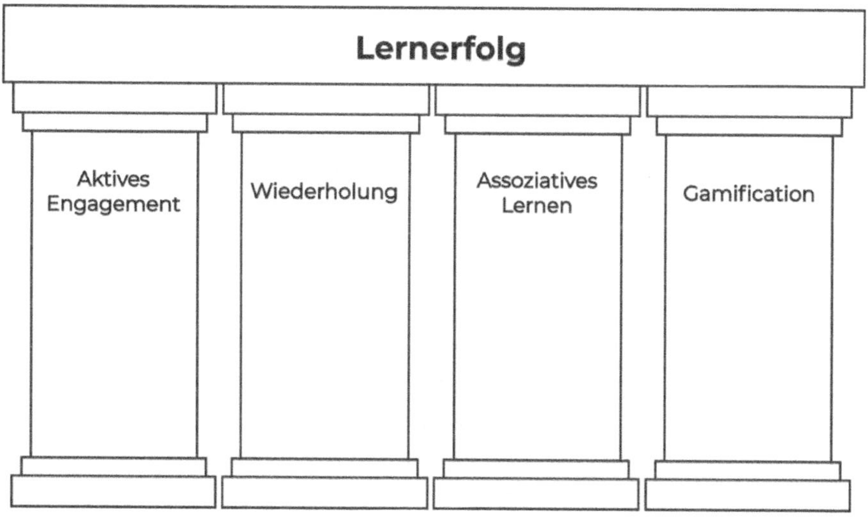

Abbildung 3: Prinzipien der Lernpsychologie

Während viele gängige Mythen unsere Lernkultur überfluten, bieten diese vier Säulen der Lernpsychologie nachweislich optimierte Ansätze für den Lernprozess. Sie basieren auf jahrelanger Forschung und experimentellen Studien. Hier sind die vier mächtigsten psychologischen Prinzipien und die damit verbundenen Lerneffekte, die dir helfen werden, deinen Lernprozess zu optimieren:

PRINZIP 1: AKTIVES ENGAGEMENT

Passiver Konsum von Informationen, etwa durch bloßes Lesen oder Zuhören, kann niemals mit aktivem und interaktivem Lernen konkurrieren. Aktives Engagement mit Lerninhalten ist neurologisch effektiver als Konsum, da es eine tiefere Verarbeitung der Information ermöglicht und stärkere neuronale Verbindungen fördert. Durch aktives Lernen werden mehrere Gehirnregionen stimuliert, Feedback-Schleifen etabliert und die Inhalte werden in einen breiteren Kontext eingebettet. Dieser Prozess erhöht die emotionale Beteiligung und ermöglicht eine bessere Konsolidierung des Wissens im Langzeitgedächtnis. Kurzum: Eine belebte Stadt mit tollen Events wird häufiger besucht als ein Dorf, das schlecht erreichbar ist. Aktives Engagement ist der einfachste Weg, unser Hirn zu einer englischsprachigen Metropolregion zu machen. Um aktives Engagement zu nutzen, können wir von den folgenden Effekten Gebrauch machen:

Active Recall: Auf Deutsch lässt sich "Active Recall" mit "aktives Abrufen" übersetzen. Das Prinzip dahinter ist einfach: Versuche, dich bewusst an Lerninhalte zu erinnern, ohne die Lernmaterialien direkt vor dir zu haben.

Ein Beispiel: Statt einen gelesenen Text erneut durchzugehen, versuchst du dich an seine Hauptpunkte zu erinnern und sie in eigenen Worten zu formulieren. Dieser Abrufprozess stärkt neuronale Verbindungen und fördert die Übertragung von Informationen vom Kurzzeit- ins Langzeitgedächtnis. Das Besondere am Active Recall ist, dass nicht das Eingeben von Informationen, sondern das bewusste Abrufen den Lerneffekt steigert. Das Gehirn speichert das, was es häufig abruft und daher als nützlich empfindet.

Ein anschauliches Beispiel bietet das Vokabellernen: Ein Set von Wörtern wird wiederholt, um dem Gehirn vorzutäuschen, dass diese Wörter regelmäßig verwendet werden. Wenn du jedoch eine

Vokabelkarte sofort umdrehst, sinkt der Lerneffekt, da dein Gehirn denkt, es muss die Übersetzung nicht kennen. Aber wenn du länger über ein unbekanntes Wort nachdenkst, sucht dein Gehirn aktiv nach bereits vorhandenen Verknüpfungen.

Overlearning: Das Konzept des Overlearning bezieht sich auf das Vertiefen und Festigen von neuem Wissen durch aktives Nachdenken und Verknüpfen mit bereits Bekanntem. Dabei geht es nicht nur darum, Informationen zu wiederholen, sondern sie in einen größeren Zusammenhang zu setzen. Das stellt man beispielsweise durch Fragen sicher, wie "Warum passiert das?" oder "Wie funktioniert das genau?". Durch die Antworten auf diese Fragen wird nicht nur das Gedächtnis gestärkt, sondern auch das Verständnis vertieft.

Um Overlearning zu praktizieren, können wir uns eine Lernstrategie von den Superlernern schlechthin abgucken: Kindern. Kinder fragen ständig „Warum?". Während unsere Eltern irgendwann keine Antwort mehr liefern konnten, und feststellen: „Es ist einfach so", erklärt uns ChatGPT mit Engelsgeduld in verständlicher Sprache und sehr akkurat, warum etwas ist, wie es ist. Dieser Ansatz ist hervorragend, denn er arbeitet mit unseren wirklichen Interessen und verbindet es mit bisherigem Wissen. Und es macht viel mehr Spaß als bestimmte Regeln einfach auswendig zu lernen.

Generation-Effekt: Stell dir vor, du musst eine Antwort oder Lösung selbst finden, anstatt sie einfach vorgesetzt zu bekommen. Dein Gehirn muss tiefer graben und bestehendes Wissen aktivieren, um zur richtigen Lösung zu kommen. Dieser Prozess des eigenen Erarbeitens hinterlässt einen bleibenden Eindruck. Stell dir vor, du bist in einem fremden Land ohne Wörterbuch unterwegs und erkennst, dass sich die Menschen immer wieder mit denselben Wörtern begrüßen. Irgendwann versuchst du selbst die Worte korrekt zu formen, und entfachst ein Lächeln auf den Gesichtern der Einheimischen. Die Begrüßungsformel wirst du danach nie wieder vergessen. Hättest du stattdessen ein Wörterbuch verwendet, um von Zuhause aus nach der Begrüßungsformel zu suchen, wäre das sicher anders.

Erklärungs-Effekt: Du kennst sicher das Gefühl, dass du ein Thema erst richtig verstanden hast, wenn du es jemand anderem erklären konntest. Das Verbalisieren und Rekonstruieren von Wissen in deinen eigenen Worten zwingt dich, das Gelernte gründlicher zu überdenken und Lücken in deinem Verständnis zu identifizieren. Dieser Prozess verstärkt sowohl dein Verständnis als auch die Erinnerung an den Lernstoff. Vielleicht ist es gerade dieser Effekt, der dazu führt, dass Eltern das „Warum"-Fragespiel der Kinder oft unterbrechen. Ihnen ist es unangenehm, im Kern nicht sagen zu können, warum etwas so ist.

Testing-Effekt: Hierbei geht es darum, dass das aktive Testen oder Abfragen von Wissen oft effektiver ist als das bloße Wiederholen von Informationen. Stell dir vor, du lernst für einen Test, indem du einfach deine Notizen durchliest. Dieser passive Ansatz ist weniger effektiv, als wenn du dich selbst testest und versuchst, Fragen zu beantworten, bevor du die Lösung überprüfst. Beim Selbsttesten ist dein Gehirn gezwungen, auf gespeicherte Informationen zuzugreifen und diese zu rekonstruieren, wodurch die Erinnerung verstärkt wird.

PRINZIP 2: REGELMÄẞIGE ÜBERPRÜFUNG UND WIEDERHOLUNG

Die Kunst des Lernens liegt nicht im einmaligen Verstehen, sondern in der dauerhaften Verankerung im Gedächtnis. So vermeidest du Aussagen wie: „Das wusste ich doch mal.", oder „Eigentlich weiß ich das ja." und lernst nichts unnötig doppelt. Das Gehirn muss erkennen, dass die Sprache nützlich ist, und dafür muss es sie regelmäßig verwenden. Tägliches Englisch muss zur Gewohnheit werden, sonst lässt du die Chance verstreichen, es schnell und einfach zu lernen.

Spaced Repetition: Spaced Repetition, oder zu Deutsch „verteilte Wiederholung", mag einen komplizierten Namen haben, dreht sich aber nur darum, den richtigen zeitlichen Abstand für Lerneinheiten zu finden. Das klingt vielleicht banal, ist aber äußerst wichtig.

Mithilfe des Spacing-Effekts bekämpfen wir den Erzfeind des Lernens: die Vergessenskurve!

Erinnerst du dich an die neu gebauten Wege und Straßen, die entstehen, während du Englisch lernst? Jetzt stelle dir vor, einige dieser Straßen werden nicht regelmäßig genutzt. Mit der Zeit verfällt der Asphalt, Unkraut sprießt durch die Risse, und ohne regelmäßige Wartung oder Verkehr kann die einst belebte Straße in Vergessenheit geraten.

Dieses Phänomen, bei dem Informationen, die nicht regelmäßig abgerufen oder angewendet werden, verblassen oder sogar verloren gehen, ist neurologisch fundiert und wird durch die sogenannte Vergessenskurve dargestellt. Auf neuronaler Ebene können Synapsen, die nicht oft aktiviert werden, schwächer werden und schließlich verkümmern.

Zu Beginn des späten 19. Jahrhunderts wollte der deutsche Psychologe Hermann Ebbinghaus herausfinden, wie und wann unsere Synapsen für Lerninhalte verkümmern. Durch Selbstexperimente, bei denen er Nonsens-Silben – also Wörter ohne echte Bedeutung – verwendete, fand er heraus, wann das Vergessen einsetzt und wie es hinausgezögert und schließlich gestoppt werden kann. Beeindruckend ist, dass er diesen gesamten Vorgang in nur einer Grafik festhielt: der Vergessenskurve. Sie zeigt uns bis heute, wie schnell unser Gedächtnis Informationen verliert, wenn sie nicht wiederholt werden.

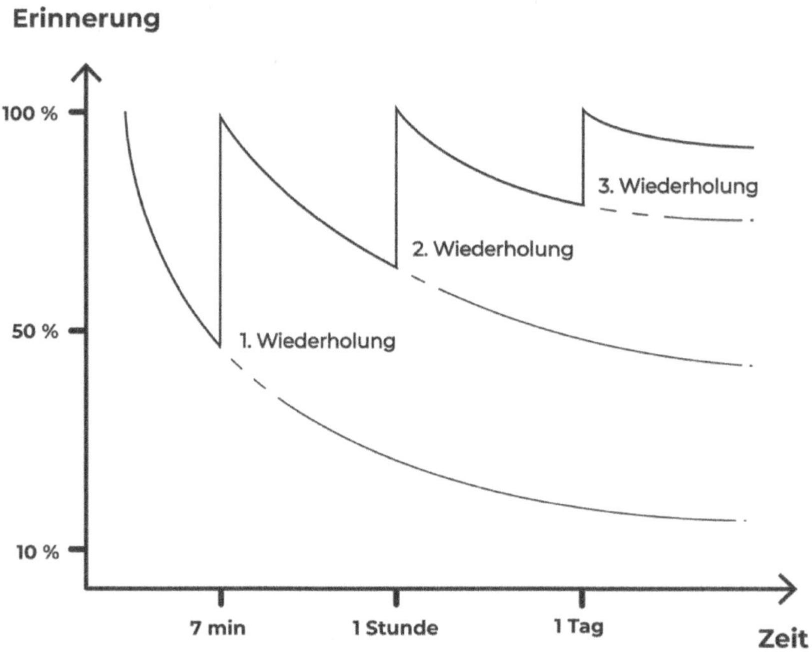

Abbildung 5: Vergessenskurve

Stell dir vor, du lernst heute das englische Wort "umbrella" – auf Deutsch "Regenschirm". Direkt nach dem Lernen dieses Wortes erinnerst du dich zu 100 %. Das Wort ist frisch im Gedächtnis, und du könntest es problemlos abrufen.

Schau nun auf die Grafik der Vergessenskurve oberhalb dieses Textes. Du wirst feststellen, dass die Kurve zu Beginn steil abfällt. Das bedeutet: Wenn du "umbrella" nicht wiederholst, wird die Wahrscheinlichkeit, dass du dich an dieses Wort erinnerst, innerhalb der nächsten 24 Stunden stark abnehmen. Schon am nächsten Tag könntest du vielleicht nur noch zu 60 % sicher sein, was "umbrella" bedeutet. Nach weiteren 24 Stunden könnten es nur noch 30 % sein. Ohne Wiederholung könntest du die Bedeutung von "umbrella" innerhalb einer Woche fast völlig vergessen haben.

Doch hier wird es interessant: Nehmen wir an, du wiederholst "umbrella" am nächsten Tag, kurz bevor du das Wort fast vergessen hättest. Deine Erinnerung wird aufgefrischt, und du erinnerst dich wieder fast zu 100 % an das Wort. Diesmal – und das zeigt die flachere Kurve in der Grafik – wird der Vergessensprozess langsamer voranschreiten. Nach weiteren 48 Stunden kannst du dich dann immer noch zu 70 % erinnern.

Mit jeder gezielten Wiederholung, besonders wenn sie kurz vor dem "kritischen Punkt des Vergessens" erfolgt, flacht die Kurve weiter ab. Nach mehreren Wiederholungen wird "umbrella" fest in deinem Gedächtnis verankert sein. Selbst nach Wochen ohne Wiederholung könntest du das Wort noch zuverlässig abrufen. Das ist das Prinzip von Spaced Repetition. Es geht darum, Wissen genau dann zu wiederholen, wenn die Vergessenskurve am meisten abflachen kann. So kann Wissen in kürzerer Zeit sicher gespeichert werden.

Lassen wir mal ChatGPT erklären, wie das in der Praxis aussieht:

> Die Verwendung von Spaced Repetition Systemen (SRS) zur Vokabellernung kann die benötigte Lernzeit erheblich reduzieren und die Merkfähigkeit erhöhen, im Vergleich zu traditionellen Lernmethoden. Hier ist ein grober Ablauf, wie lange es in reiner Lernzeit mit SRS dauern könnte, um ein einfaches englisches Wort zu lernen:
>
> **1. Erste Exposition:** Das neue Wort wird vorgestellt, oft mit einer Übersetzung, einem Bild oder einem Beispiel. Diese erste Einführung könnte zwischen 10 und 30 Sekunden dauern, abhängig von der Komplexität des Wortes und den verknüpften Informationen.
>
> **2. Erste Wiederholung:** Nach einer kurzen Pause (vielleicht 5-10 Minuten) wird das Wort erneut abgerufen. Dies könnte weitere 10-20 Sekunden in Anspruch nehmen.
>
> **3. Zweite Wiederholung:** Nach einer längeren Pause, vielleicht ein paar Stunden bis zu einem Tag, wird das Wort wieder abgerufen. Diese Überprüfung könnte ebenfalls 10-20 Sekunden dauern.
>
> **4. Dritte Wiederholung:** Ein paar Tage nach der vorherigen Wiederholung wird das Wort erneut abgerufen. Auch hier, 10-20 Sekunden.

5. Weitere Wiederholungen: Im Laufe der nächsten Tage und Wochen werden weitere Wiederholungen durchgeführt, wobei die Intervalle zwischen den Überprüfungen immer länger werden.

Insgesamt könnte die gesamte reine Lernzeit, verteilt über mehrere Wochen, zwischen 5 und 10 Minuten pro Wort betragen. Es ist wichtig zu beachten, dass diese Schätzungen je nach der spezifischen SRS-Software, der Komplexität des Wortes und der individuellen Lernfähigkeit des Benutzers variieren können.

Spaced Repetition sollte nicht unterschätzt werden. Stell dir vor, du würdest dir ein Wort sechsmal für jeweils 10 Sekunden ansehen und es dann komplett vergessen, weil die Zeit zwischen den Wiederholungen zu lang war. Oder andersherum: Du würdest dir das Wort 12 Mal in einem Zeitraum ansehen, in dem sechs Mal ausgereicht hätten. In beiden Fällen hättest du eine Minute "verschwendet". Das klingt zunächst nicht nach viel, aber wenn dir das regelmäßig passiert, weil du ohne den Effekt des "Spacing" arbeitest und deshalb systematisch falsch wiederholst, summieren sich die Verluste. Bei 1000 Wörtern würdest du in unserem Beispiel 16 Stunden und 40 Minuten mehr lernen müssen.

Natürlich gibt es kein absolutes Vergessen, und das Beispiel ist stark vereinfacht, aber das Grundprinzip bleibt bestehen. Es sind genau diese Details, die uns ermöglichen, um ein Vielfaches schneller Englisch zu lernen als der Durchschnitt.

In den letzten Jahren wurden viele Softwareprogramme entwickelt, um das Phänomen der Spaced Repetition optimal zu nutzen. Diese Programme automatisieren und optimieren den Lernprozess. Neben Anki, einem der bekanntesten kostenlosen Programme dieser Art, gibt es auch andere beliebte Optionen wie Quizlet, Memrise und SuperMemo. Diese Programme und Apps bieten nicht nur digitale Vokabelkarten, sondern auch intelligente Algorithmen, die genau berechnen, wann es Zeit ist, bestimmte Informationen zu wiederholen, um das Vergessen zu minimieren.

Die meisten dieser Programme bieten ähnliche Funktionen, wie z. B. Benutzerfreundlichkeit, Anpassungsfähigkeit an den individuellen Lernfortschritt und Verfügbarkeit auf verschiedenen Geräten. Das ermöglicht dir, jederzeit und überall auf deine Lerninhalte zuzugreifen. Ein weiterer Vorteil dieser digitalen Lösungen ist die Möglichkeit, interaktive Elemente, Bilder oder sogar Audios einzubinden, was den Lernprozess abwechslungsreicher und eindrücklicher macht.

Das Wichtigste ist jedoch, dass diese Programme Zeit sparen, indem sie die Wiederholungen der Karten optimal auf dich abstimmen. Außerdem sind sie auf Smartphones verfügbar und daher immer griffbereit. Selbst wenn du ein großer Fan von Papierkarten bist, lohnt es sich, auf digitale Lösungen umzusteigen.

Wenn wir nicht nur Spaced Repetition, sondern auch alle anderen psychologischen Effekte aus diesem Kapitel dank ChatGPT richtig anwenden (siehe Kapitel 6), können wir es auf wenige Minuten Lernzeit pro Wort schaffen.

PRINZIP 3: ASSOZIATIVES LERNEN

Wie bereits erwähnt, wird jegliches Wissen in unserem Gehirn in Form von Neuronenmustern gespeichert. Diese Muster entstehen, weil Neuronen miteinander assoziiert sind. Durch die Effekte des assoziativen Lernens nutzen wir diese Grundstruktur, um Neuronen mit minimalem Aufwand effektiv miteinander zu verknüpfen und das Gedächtnis zu stärken.

Daran bedienen sich auch spezielle Erinnerungstechniken: Sogenannte Mnemotechniken präsentieren Informationen in einer Form, die für unser Gehirn leichter verständlich und erinnerbar ist. Dies kann durch die Verwendung von Bildern, Geschichten, Rhythmen und anderen Mitteln erreicht werden, die eine Brücke zwischen dem, was wir bereits wissen, und dem, was wir lernen wollen, schaffen. Besonders beim Erlernen einer Fremdsprache, wie dem Englischen, kommen die Vorteile des assoziativen Lernens durch Mnemotechniken zum Tragen.

Lass uns die wichtigsten assoziativen Lerneffekte und einige zugehörige Mnemotechniken durchgehen.

Chunking: Informationen werden in kleinere, bedeutungsvolle Gruppen oder "Chunks" unterteilt, was das Erinnern erleichtert. Es wird oft verwendet, um lange Zahlen oder Listen von Wörtern zu merken. Angenommen, du möchtest die Bedeutung des Wortes "unprecedented" (beispiellos) lernen. Statt es als ein einzelnes Wort zu sehen, könntest du es in kleinere Teile oder "Chunks" zerlegen: "un-", "precede" und "-ed". "Un-" ist ein gängiges Präfix, das "nicht" bedeutet, "precede" bedeutet "vorangehen" und "-ed" ist eine typische Endung für Verben in der Vergangenheitsform. Daher kannst du ableiten, dass "unprecedented" etwas bedeutet, das noch nie zuvor passiert ist.

Priming: Wenn wir etwas Bestimmtes sehen oder hören, beeinflusst das, wie wir alles Darauffolgende wahrnehmen. Diese Voreingenommenheit durch einen vorherigen Reiz nennt sich "Priming". Im Lernkontext kann Priming genutzt werden, um das Gedächtnis und die Wahrnehmung zu schärfen: Indem bestimmte Konzepte oder Informationen zuerst präsentiert werden, werden neuronale Pfade aktiviert, die das Erkennen und Verarbeiten verwandter Informationen in der Folge erleichtern. Dies beruht auf der assoziativen Natur unseres Gedächtnisses, bei der Ideen und Konzepte miteinander verknüpft sind, wodurch das Lernen effizienter und nachhaltiger gestaltet werden kann. Beispiele dafür bietet der nächste Effekt.

Serieneffekt: Der Beginn und das Ende einer Liste werden besser erinnert als ihr Mittelteil. Techniken wie die Erzähltechnik, die wir noch später kennenlernen werden, setzen hier an, indem sie wichtige Informationen an prominente Stellen der Geschichte setzen. Schnellleser nutzen ebenfalls den Serieneffekt und Priming. Sie lesen gezielt die erste und letzte Seite eines Kapitels, überfliegen den ersten Satz jedes Abschnitts und beginnen dann mit dem Lesen von A bis Z. Selbst bei Schnell-Lese-Wettbewerben, bei denen jede Sekunde zählt, wird sich die Zeit dafür genommen, denn dieselbe Zeit wird an anderer Stelle durch die bessere Informationsverarbeitung doppelt und dreifach gespart.

Raum-Gedächtnis-Verknüpfung: Die Method of Loci (Ortsmethode), bekannt unter anderem durch den "Gedächtnispalast" aus der BBC-Serie „Sherlock", verknüpft Informationen mit bestimmten Orten in einer vertrauten Umgebung. Jedes Element oder Konzept wird mit einem bestimmten Raum verknüpft, sodass das Durchgehen der Räume in der Vorstellung das Erinnern der Information ermöglicht. Wenn du versuchst, eine Liste von Vokabeln zu lernen, könntest du jedes Wort mit einem Ort in deinem Haus verknüpfen. Beispielsweise könnte das Wort "bed" (Bett) mit deinem eigenen Bett in Verbindung gebracht werden, das Wort "fridge" (Kühlschrank) mit deinem Kühlschrank in der Küche und so weiter. Beim Durchgehen deines Hauses im Geiste werden diese Wörter wieder hervorgerufen. Ein Grund dafür, warum die Method of Loci so gut funktioniert, wird im nächsten Effekt erläutert.

Duale Codierung: Klingt kompliziert, ist aber einfach: Informationen, die im Gehirn nicht nur einseitig abgespeichert (oder „codiert") werden, sondern mit zwei oder mehr Reizen verbunden werden, bleiben besser erhalten. Duale Codierung wäre es z.B., wenn du ein Wort nicht nur hörst, sondern es auch bildlich vor dir siehst. Das Wort „horse" kannst du dir besser merken, wenn du ein konkretes Pferd vor Augen hast. Wenn du dieses Pferd dann noch gerochen oder berührt hast, ist das Wort noch fester in deinem Gedächtnis verankert.

Bild-basiertes Lernen: Beim bild-basierten Lernen nutzt du die duale Codierung bewusst. Du hast die Fähigkeit, dir jederzeit lebhafte und oft übertriebene Bilder vorzustellen und sie mit einem Wort deiner Wahl zu assoziieren. Zum Beispiel könntest du für das englische Wort "cat" (Katze) eine riesige Katze vorstellen, die auf einem Dach sitzt und mit einem Fisch spielt. Um dir das englische Wort "penguin" (Pinguin) zu merken, könntest du dir ein lebhaftes Bild von einem Pinguin vorstellen, der einen Smoking trägt und tanzt. Dies führt uns zum nächsten Effekt.

Emotionale Verstärkung: Informationen, die mit intensiven Emotionen verknüpft sind, werden besser behalten. Dies kann durch humorvolle oder bizarre Bilder, wie sie z.B. bei Eselsbrücken verwendet werden, erreicht werden. Eselsbrücken sind besonders hilfreich beim Lernen von Wörtern oder Phrasen, die schwierig zu merken sind, weil sie wenig Gemeinsamkeiten mit der Muttersprache haben oder weil sie ungewöhnlich oder komplex sind. Ein humorvoller Einfall löst einen Schwall an Emotionen aus, der die schwierige Verknüpfung auf andere Weise festigt.

Elaborative Rekodierung: Hier setzen wir neue Informationen in einen erweiterten Kontext, etwa eine Erzählung; wir „rekodieren“ sie durch „Elaboration“. Wenn du versuchst, eine Reihe von unzusammenhängenden Vokabeln zu lernen, könntest du eine Geschichte kreieren, die alle diese Wörter enthält. Wenn du beispielsweise die Wörter "dog" (Hund), "beach" (Strand) und "sunglasses" (Sonnenbrille) lernen möchtest, könntest du dir eine Geschichte ausdenken, in der ein Hund am Strand mit einer Sonnenbrille spielt. Aus demselben Grund setzen Englischkurse auf Alltagssituationen und Rollenspiele, um ein neues Set an Vokabeln zu vermitteln. Oder noch einen Schritt weiter: Anstatt Kinder mit Moral zu belehren und sie Regeln auf Tafeln schreiben zu lassen, werden ihnen Märchen und Gutenachtgeschichten erzählt, die sie von selbst auf die „Moral von der Geschicht“ bringen. Dabei nutzen Märchen auch den folgenden Effekt.

Selbstreferenzeffekt: Wenn wir das Gelernte mit unseren eigenen Erfahrungen und Erkenntnissen verknüpfen, bleibt es besser im Gedächtnis haften.

PRINZIP 4: GAMIFICATION

Die Einbindung von spielerischen Elementen in den Lernprozess, bekannt als Gamification, hat ihre Wurzeln in unserer natürlichen Neigung zur Interaktion und Kommunikation. Genau wie wir uns in einem einseitigen Gespräch unbefriedigt fühlen, wenn keine Reaktion erfolgt, benötigt auch der Lernprozess Interaktivität, um uns zu engagieren. Durch die Integration von Belohnungssystemen, Herausforderungen und adaptivem Feedback können wir den Lernstoff auf eine angenehmere und dennoch effektive Weise verinnerlichen.

Belohnungs- und Bestrafungs-Lernen: Eines der bekanntesten psychologischen Experimente, das zur operanten Konditionierung gehört, zeigt, dass das Ausbleiben von Bestrafung und das Erhalten von Belohnung dazu führen, dass wir bestimmte Verhaltensweisen häufiger zeigen und besser lernen. Feedback ist für unser Gehirn eine Form der Belohnung oder Bestrafung. Beim Englischlernen hilft uns regelmäßiges Feedback, uns zu verbessern. Deshalb sind Lernapps voller motivierender Aussagen wie "gut gemacht!" oder steigenden Punktzahlen. Durch diese kleinen Belohnungen bleiben wir am Ball, und durch ihr Fehlen wissen wir, wie wir uns verbessern können. Ein guter Lernprozess bietet stets konkretes Feedback, das uns leitet und uns dem gewünschten Verhalten näherbringt. ChatGPT weiß das und gibt uns positives Feedback, wenn wir ihm einen Text zur Überarbeitung anvertrauen.

Desirable Difficulty: Jeder Lernprozess sollte eine gewisse Herausforderung bieten. Wenn das, was wir lernen, zu leicht ist, verlieren wir das Interesse. Ist es zu schwer, folgen Frustration und Demotivation. Es ist also wichtig, ein Gleichgewicht zu finden: die "desirable difficulty" oder "wünschenswerte Schwierigkeit".

Stell dir vor, du spielst Schach. Ein Spiel gegen ein Kleinkind wird dich wahrscheinlich nicht herausfordern, während ein Match gegen den Schach-Großmeister Magnus Carlsen überfordernd wäre. Die ideale Herausforderung wäre ein Gegner, der deinem Spielniveau entspricht oder sogar ein wenig darüber liegt. So hast du die Chance zu lernen und zu gewinnen, wenn du Gelerntes richtig anwendest.

Dieses Prinzip lässt sich auf fast jeden Lernprozess übertragen. Ein guter Coach oder Lehrer kann helfen, dieses Niveau zu finden und Anpassungen vorzunehmen. Bei Einzelunterricht funktioniert das besser, und mit ChatGPT funktioniert es hervorragend, da ChatGPT seinen Stil und Inhalt automatisch anpasst.

Die folgenden Gamification-Elemente können dir helfen, schneller und mit mehr Spaß zu lernen:

Fortschrittsanzeige: Fortschrittsbalken, Level oder Achievements bieten eine klare Visualisierung unseres Lernwegs. Sie zeigen uns, wie viel wir bereits erreicht haben und was noch vor uns liegt.

Abwechslung: Genau wie in Spielen, in denen verschiedene Level und Szenarien die Spieler engagieren, kann die Variation von Lerninhalten und -methoden dazu beitragen, dass Lernende engagierter bleiben.

Autonomie und Entscheidungsfreiheit: Die Möglichkeit, eigene Entscheidungen zu treffen, etwa welches Modul als nächstes bearbeitet wird, gibt Lernenden ein Gefühl von Kontrolle.

Geschichtenerzählen: Geschichten können Lernmaterial verständlicher und erinnerungswürdiger machen.

Durch die Einbindung des Gamification-Prinzips in den Lernprozess bieten wir uns selbst ein tiefes, belohnendes und personalisiertes Lernerlebnis.

Im nächsten Kapitel erfährst du, wie du die hier gelernte Theorie konkret in den Lernprozess einbindest. Du wirst von den obigen Prinzipien, aber natürlich auch unabhängig vom Englisch Lernen mit ChatGPT profitieren.

KAPITEL 5: DIE WAHRE KRAFT VON CHATGPT

Im letzten Kapitel haben wir uns mit der Funktionsweise des Lernens auseinandergesetzt. In diesem Kapitel möchten wir die gewonnenen Erkenntnisse in unseren Lernprozess mit ChatGPT einbinden.

DER PERFEKTE LERNPROZESS

Wie wir jetzt wissen, benötigen wir einen Lernprozess, der strukturiert und vielseitig ist. Er sollte regelmäßige, verteilt wiederholte Informationen beinhalten, um die Speicherung im Langzeitgedächtnis zu unterstützen. Zudem ist es sinnvoll, verschiedene Lerninhalte abwechselnd zu bearbeiten, um unterschiedliche Fähigkeiten parallel zu stärken. Dabei ist es wichtig, aktives Wissensabrufen zu fördern, beispielsweise durch Selbsttests oder Quizfragen. Ein tieferes Verständnis wird erzielt, wenn neue Informationen mit bereits vorhandenem Wissen verknüpft und in eigenen Worten dargestellt werden. Individuell formulierte Antworten stärken zusätzlich die Gedächtnisleistung. Schließlich optimiert regelmäßiges Feedback das zukünftige Lernverhalten und unterstützt die kontinuierliche Anpassung des Lernprozesses.

Wie bringen wir nun ChatGPT dazu, uns einen solchen Lernprozess zu bieten?

Wir teilen es ihm einfach genau so mit:

Starte in diesem Chat mit mir ein personalisiertes Englisch-Training, das dem folgenden Ansatz entspricht: einen Lernprozess, der strukturiert und vielseitig ist. Er sollte regelmäßige, verteilt wiederholte Informationen beinhalten, um die Speicherung im Langzeitgedächtnis zu unterstützen. Zudem ist es sinnvoll, verschiedene Lerninhalte abwechselnd zu bearbeiten, um unterschiedliche Fähigkeiten parallel zu stärken. Dabei ist es wichtig, aktives Wissensabrufen zu fördern, beispielsweise durch Selbsttests oder Quizfragen. Ein tieferes Verständnis wird erzielt, wenn neue Informationen mit bereits vorhandenem Wissen verknüpft und in eigenen Worten dargestellt werden. Individuell formulierte Antworten stärken zusätzlich die Gedächtnisleistung. Schließlich optimiert regelmäßiges Feedback das zukünftige Lernverhalten und unterstützt die kontinuierliche Anpassung des Lernprozesses.

In diesem Fall nutze ich GPT 3.5, die Version, die für jeden kostenfrei verfügbar ist. Dies bringt einige Einschränkungen mit sich, die wir im Laufe dieses Kapitels noch behandeln werden.

Die Antwort folgt:

Natürlich! Ich helfe Ihnen gerne dabei, ein personalisiertes Englisch-Training zu simulieren, das den von Ihnen beschriebenen Ansatz umsetzt. Wir können verschiedene Übungen und Aktivitäten durchführen, um Ihre Englischkenntnisse zu verbessern. Lassen Sie uns den Lernprozess strukturieren und verschiedene Aspekte der Sprache abdecken. Regelmäßige Wiederholung: Wir werden Informationen regelmäßig wiederholen, um sicherzustellen, dass sie ins Langzeitgedächtnis übergehen. In jeder Lektion können wir zuvor gelernte Vokabeln oder Grammatikregeln wiederholen und sie in neuen Kontexten anwenden.

Abwechslungsreiche Lerninhalte: Um verschiedene Fähigkeiten gleichzeitig zu stärken, werden wir abwechslungsreiche Lerninhalte verwenden. Das können zum Beispiel Texte, Hörverständnisübungen, Dialoge, Grammatikübungen und Vokabeltests sein. Jede Lektion wird sich auf einen anderen Aspekt der Sprache konzentrieren.

```
[...]

Regelmäßiges Feedback: Ich werde regelmäßig Feedback zu Ihren Antworten und Fortschritten geben. Das Feedback hilft Ihnen dabei, Ihre Schwächen zu erkennen und zu verbessern. Es ermöglicht auch eine kontinuierliche Anpassung des Lernprozesses, um Ihre individuellen Bedürfnisse zu berücksichtigen. Nun können wir mit unserem personalisierten Englisch-Training beginnen. Lassen Sie uns mit einem bestimmten Thema oder einer spezifischen Fähigkeit beginnen, die Sie verbessern möchten, und ich werde entsprechende Übungen und Aktivitäten vorbereiten.
```

Ist dir aufgefallen, dass ChatGPT hier etwas geschummelt hat? Hörverständnisübungen kann es nicht bieten, denn eine Audio-Ausgabe beherrscht es noch (!) nicht. Das ist jedoch kein Problem. Wir können es später darauf hinweisen. Aber nun wollen wir erst einmal beginnen.

Beginnen wir: Thema Blumen und Urlaub.

```
Ausgezeichnet! Das Thema Blumen und Urlaub bietet viele Möglichkeiten, um Ihren Wortschatz zu erweitern und Ihre Kenntnisse über die englische Sprache zu verbessern. Lassen Sie uns mit einer Vokabelübung beginnen. Vokabelübung: Übersetzen Sie die folgenden Blumennamen ins Englische: Rose, Tulpe, Sonnenblume, Lilie, Orchidee. [...] Leseverständnis:

Lesen Sie den folgenden Text über einen Urlaub in einem Blumengarten und beantworten Sie anschließend die Fragen. Text:

"Ich hatte das Glück, während meines Urlaubs [...]“
```

Warte einen Moment... Warum ist der Text nach der Aufforderung zur Übersetzung von Blumennamen ins Englische plötzlich in Deutsch? Das ist einer der angesprochenen Fehler, die bei der Nutzung von GPT 3.5 auftreten, mit GPT 4 hingegen nicht. Doch das ist kein Beinbruch. Wir können es mit einer alternativen Antwort versuchen. Dieses Mal antworten wir auf Englisch, um ChatGPT durch den Kontext klarzumachen, dass es ebenfalls auf Englisch reagieren sollte:

Okay, please begin the training.

Und tatsächlich, es funktioniert:

```
Great! Let's start with improving your vocabulary. Vocabulary is an essential part of language learning, and expanding your word bank will greatly enhance your English skills. I'll provide you with a list of 10 words related to a specific topic, and I'd like you to write a sentence using each word. This will help you actively retrieve and apply the vocabulary you've learned. The topic for today is "Technology."

Here are the words: Smartphone, Internet, Streaming, Cybersecurity, Artificial intelligence, Virtual reality, Social media, Cloud computing, Biometrics, Augmented reality

Please write a sentence using each of these words. Once you're done, I'll provide feedback and corrections if necessary.
```

I have a smartphone. I use the internet. I am streaming video. I am cybersecurity man. I am using artificial intelligence. I love virtual reality.

```
Great job! You've made a good effort in using the provided words in sentences. Here are some corrections and suggestions to improve the sentences:

1. I have a smartphone. (Correct!)

2. I use the internet. (Correct!)

3. I am streaming a video. (Add the article "a" before "video" to specify a particular video.)
```

4. I am a cybersecurity professional. (Instead of "cybersecurity man," use the term "professional" to describe your expertise in the field.)

5. I am using artificial intelligence. (Correct!)

6. I love virtual reality. (Correct!)

Remember to capitalize the first letter of each sentence. Additionally, try to provide more context or details in your sentences to make them more engaging and informative.

Now, let's move on to the next part of our training. We'll focus on reading comprehension. I'll provide you with a short passage, followed by a few questions to test your understanding. Read the passage carefully and answer the questions to the best of your ability.

Passage:

"Social media platforms have revolutionized the way people connect and communicate with each other. With the rise of platforms like Facebook, Twitter, and Instagram, individuals can now share their thoughts, photos, and videos instantly with a global audience. Social media has also become an essential tool for businesses to reach and engage with their target customers. However, it's important to use social media responsibly and be aware of the potential impact it can have on privacy and mental health."

Questions:

1. What has revolutionized the way people connect and communicate with each other?

2. Name three social media platforms mentioned in the passage.

3. How can businesses benefit from social media?

4. What should individuals be mindful of when using social media?

Take your time to read the passage and answer the questions. Once you're ready, provide your answers, and I'll provide feedback and discuss the correct answers with you.

Für dieses Beispiel ist mein Englisch noch nicht „the yellow of the egg", und ich gebe vor, den Text nicht vollständig zu verstehen.

language is too hard for me

I apologize if the previous exercise was challenging for you. I understand that learning a new language can be difficult, but with practice and patience, you can make progress. Let's try a simpler exercise to build your confidence.

Let's focus on improving your listening skills. I'll provide you with a short audio clip in English, followed by a couple of questions related to the content of the clip. Please listen carefully and answer the questions to the best of your ability.

Audio clip: [Provide a short audio clip with simple content, such as a description of a familiar object or a basic conversation.]

Questions:

1. What is being described in the audio clip?

2. What color/shape/size is it?

After listening to the audio clip, please provide your answers, and I'll give you feedback and discuss the correct answers with you. Remember, it's okay to make mistakes. The goal is to learn and improve.

Was macht es jetzt? Einen Audioclip vorgeben, den ich nicht hören kann? Auch das ist leider typisch für GPT 3.5. Doch wir können damit umgehen, indem wir ChatGPT darauf hinweisen, dass es keine Audioausgabe liefern kann.

I can't listen to the Audio, cause you are ChatGPT and you cannot deliver audio.

```
You're right, I apologize for the confusion. As a text-based AI, I cannot directly provide audio. Let's switch to a different exercise that focuses on improving your reading skills instead.

I will provide you with a short paragraph to read, followed by a couple of questions related to its content. Please read the paragraph carefully and answer the questions based on your understanding.

Paragraph:

"The Internet has become an integral part of our lives. It [...]
```

Nehmen wir mal an, ich würde über das Wort „integral" stolpern. Es gibt viele Möglichkeiten, damit umzugehen. Ich könnte ChatGPT mitteilen, dass die Sprache immer noch zu komplex ist, und es wird das Niveau anpassen. Ich könnte es aber auch darum bitten, ab und zu Worte einzustreuen, die über meinem Sprachniveau liegen, und sie mit zusätzlichen Anmerkungen zu erläutern.

It's too hard to understand. Can you please make it easier, but still include some harder words, and explain them with annotations?

```
Certainly! I apologize for the previous difficulty level. Let's try a modified exercise that includes simpler language with annotations to help you understand any harder words.
```

Here's a revised paragraph with annotations:

```
"The Internet is a tool that many people use in their daily lives. It allows us to do many things, like finding
```

information, talking to people far away, and doing activities online. For example, we can shop for things on the Internet or use social media to connect with others. The Internet has changed the way we live, work, and communicate. However, we should be careful about some things that might not be safe online, such as privacy issues (concerns about keeping personal information private) and cyber threats (potential dangers from online hackers or criminals)."

Now, here are the questions related to the revised paragraph:

Questions:

1. What are some things people can do on the Internet?

2. What are two potential risks mentioned in the paragraph?

Take your time to read the revised paragraph and answer the questions. Once you're ready, provide your answers, and I'll provide feedback and discuss the correct answers with you.

Das klappt hervorragend. Im Folgenden durchläuft ChatGPT mit mir unzählige weitere Lektionen. Hin und wieder muss ich es daran erinnern, unterschiedliche Arten von Aufgaben einzustreuen, mir Begriffe zu erklären usw. Dabei kann ich mich immer fragen, was den Prozess für mich einfacher und vergnüglicher gestalten würde. Ich kann die ausgefallensten Wünsche äußern, und ChatGPT wird den Großteil davon erfüllen.

Hier ein Beispiel:

Explain to me what cyber crime means.

Certainly! "Cybercrime" refers to criminal activities that are carried out using computers or the internet. It involves the use of technology to commit various illegal acts, such as hacking, identity theft, fraud, spreading malware or viruses, and other malicious activities.

Cybercriminals often target individuals, businesses, [...]

explain it like im 8 years old. and make it rhyme

Sure, I can try to explain it in a simpler and rhyming way for an 8-year-old:

"Listen up, little one, here's the scoop,

About cybercrime, an online loop-de-loop.

It's when bad guys, with computers they own,

Do naughty things while sitting at home.

They use the internet to play their tricks,

Like stealing info with their cyber kicks.

They might send fake emails, oh, what a shame,

Trying to steal your personal name.

They can make viruses, like a digital flu,

To infect your computer, it's not cool, it's true.

They want your money, they want your data,

So be cautious, my friend, don't let 'em bait ya!

Keep your passwords strong, like a superhero's might,

And never give personal info without checking it's right.

Stay safe online, be smart and aware,

Cybercrime won't catch you, you'll be prepared!"

```
I hope this rhyming explanation makes it easier to understand cybercrime. Remember to always be cautious and stay safe online, little buddy! If you have any more questions or need further explanations, feel free to ask.
```

SIMULIERE DEINE INTERAKTIVE LERNERFAHRUNG

Lasst uns kurz rekapitulieren: Was haben wir im vorherigen Abschnitt getan? Wir haben ChatGPT gebeten, ein Training zu simulieren. In diesem wurden verschiedene Fähigkeiten von ChatGPT eingesetzt und unterschiedliche Aufgabentypen kombiniert, z. B.: Vokabelabfrage, Multiple Choice, Quizfragen, Zusammenfassung und freies Schreiben.

All diese Aufgabentypen sind auch in herkömmlichen Englischkursen zu finden, nur werden sie dort vom Lehrer vorgegeben. Auch hier gibt es Arbeitsblätter. Diese Arbeitsblätter sind für alle Teilnehmer gleich. Nur das anschließende Feedback ist (hoffentlich) individuell. Doch es bleibt oft nicht genug Zeit, alle Fragen zu klären oder ausführliche Diskussionen über Details zu führen.

Einen Lehrer würdest du vermutlich nicht bitten, dir sieben Wörter zu erklären, bei drei Ähnlichkeiten zu einer anderen Sprache die Wortherkunft nachzuschlagen, zum zehnten Mal das Past Tense zu erläutern und die Aufgabe so umzustrukturieren, dass das Thema für dich persönlich spannender ist. Mit ChatGPT kannst du all das in einer einzigen Nachricht tun. Und noch vieles mehr. ChatGPT kann dir virtuelle Arbeitsblätter erstellen, die jedoch nicht statisch sind, sondern dynamisch und mit dir interagieren.

Wann immer wir digitale Lernmittel erschaffen, spreche ich von Simulation. Um zu verstehen, was ich mit Simulation meine, beantworte bitte, bevor du weiterliest die folgende Frage mit einem konkreten Beispiel: **„Wie simuliere ich eine Vokabelkarte?"**

Hier die Antwort:

Bird

Vogel

Okay, was soll das? Das sind ja nur zwei Wörter. Richtig. Aber diese zwei Wörter reichen aus, um die Vokabelkarte vollständig zu definieren. Wir könnten sie auf zwei Papierseiten schreiben, auf unseren Handrücken und die Handinnenfläche, oder auf beide Seiten einer Tür. Wir könnten sie auch einer anderen Person übergeben, mit der Bitte, uns eines der beiden Wörter zu nennen und dann auf das entsprechende andere Wort von uns zu warten.

Worauf will ich hinaus? Ich möchte, dass wir die bisherige Welt des Lernens entmystifizieren, und sie dann mit der Magie von ChatGPT wieder neu zusammenbauen.

Es ist wichtig zu verstehen, dass „Bird - Vogel" das Gleiche ist wie eine Vokabelkarte. Denn nach derselben Logik benötigen wir kein Vokabelheft mehr. Wir können es uns mit einem einfachen ChatGPT-Prompt selbst erstellen.

Bevor du dir das Ergebnis ansiehst, rate einmal analog zu unserer obigen Vokabelkarte, wie sich ein Vokabelheft definiert und wie du es entsprechend simulieren könntest.

Ein Vokabelheft ist im Grunde nichts weiter als ein Verzeichnis von einzelnen Wortpaaren, die in einer Reihenfolge angeordnet sind, die verschiedene Themenkomplexe abbilden:

Deutsch - Englisch

Apfel - Apple

Buch - Book

Freund - Friend

Himmel - Sky

Tisch - Table

Aber welchen Vorteil hat es, ChatGPT ein solches Vokabelheft simulieren zu lassen, abgesehen von der Ersparnis von Geld und Papier?

Unser generiertes Vokabelheft wird besser sein als jedes käufliche Vokabelheft, denn wir können dafür sorgen, dass es nur die Vokabeln enthält, die wir leicht lernen können, die wir gerade benötigen, die relevant sind und so weiter. Wir können in jeder Minute ein neues, besser passendes erstellen. Wir könnten sogar ein interaktives erstellen, das von uns lernt, was wir lernen, und darauf basierend die passendsten neuen Vokabeln auswählt.

Was "passend" bedeutet, können wir ihm mitteilen.

Zum Beispiel könnte "passend" bedeuten:

- Die relevantesten Begriffe im selben Fachgebiet, das wir gerade erlernen wollen
- Die am schnellsten lernbaren Begriffe, angesichts der Vokabeln, die wir erfolgreich und zügig lernen konnten
- Die einfachsten Begriffe
- Die am häufigsten verwendeten Begriffe

Hier ein Beispiel, wie das in der Praxis aussehen kann:

Bitte sei ab jetzt ein interaktives Vokabelheft, das von mir lernt, was ich lerne, und darauf basierend die passendsten neuen Vokabeln auswählt und hinzufügt. Passend bedeutet: Die relevantesten Begriffe im selben Fachgebiet, das ich gerade erlernen will. Die am schnellsten lernbaren Begriffe, angesichts der Vokabeln, die ich erfolgreich und zügig lernen konnte. Die einfachsten Begriffe. Die am häufigsten verwendeten Begriffe. Hier ist der erste Teil meines Vokabelhefts:

[...]

page = Seite

pain = Schmerz

painting = Gemälde; Anstrich

paper = Papier

parents = Eltern

part = Teil

[...]

```
Danke, dass Sie mir diese Vokabeln gegeben haben. Basierend auf den von Ihnen bereitgestellten Vokabeln und den Kriterien, die Sie angegeben haben, schlage ich die folgenden Vokabeln zum Lernen vor:

pen = Stift: Dies ist ein einfacher und häufig verwendeter Begriff, der sich auf das tägliche Leben bezieht und leicht zu merken ist, insbesondere wenn man über Büroartikel oder das Schreiben spricht.

book = Buch: Angesichts der Tatsache, dass Sie Begriffe wie "page" und "paper" bereits kennen, wäre "book" eine logische Ergänzung.
```

```
water = Wasser: Ein grundlegendes und häufig verwendetes Wort, das leicht zu lernen ist.

tree = Baum: Da Sie Begriffe wie "nature" und "wood" kennen, wäre dies ein relevanter Begriff.

[...]
```

Street, food und pen waren für mich am leichtesten zu lernen. Bitte füge basierend darauf 30 neue Vokabeln für meine Reise nach Schottland hinzu, die am besten zu den bisherigen Vokabeln passen und gib mir alle bisherigen Vokabeln plus die neuen Vokabeln als Vokabelheft zurück.

```
Natürlich, ich werde Ihre bisherige Vokabelliste um die 30 wichtigsten Vokabeln zum Thema "Urlaub in Schottland" ergänzen, die sich gut in den Kontext der bisher gelernten Worte einfügen.

[...]

key = Schlüssel

kindergarten, nursery school = Kindergarten

kitchen = Küche

knowledge = Wissen

Gaelic = Gälisch

clan = Clan

heather = Heidekraut

loch = See

[...]
```

Die Möglichkeiten sind endlos. Das gilt nicht nur für Vokabelhefte, sondern auch für Klappentexte, Quizzes, Geschichten und alles, womit man in textbasierter Form lernen kann.

Unsere bisherigen Beispiele der Vokabeln und des Vokabelhefts waren recht einfach, weil beide nicht besonders komplex sind. Es mag daher albern wirken, hier von einer "Simulation" zu sprechen. Aber wir tun es trotzdem, um eine Brücke zu dem zu schlagen, was noch folgt. Denn wir können nicht nur das bisher Erwähnte darstellen, sondern auch komplexe Prozesse.

In diesem Beispiel simuliert ChatGPT für uns eine komplette Stunde in einer englischen Fahrschule:

Please simulate for me in this chat an interactive driver's license theory lesson that is very close to a real driving school. Do one question at a time, and not just tasks, but general interaction as well, so it's really like you're a driving instructor and I'm sitting in your class. Make your answers depend on my answers and wait for my answer.

(Bitte simuliere für mich in diesem Chat eine interaktive Führerschein-Theoriestunde, die einer echten Fahrschule sehr nahe kommt. Stelle eine Frage nach der anderen, und nicht nur Aufgaben, sondern auch allgemeine Interaktion, so dass es wirklich so ist, als wärst du ein Fahrlehrer und ich würde in deiner Klasse sitzen. Mache deine Antworten von meinen Antworten abhängig und warte immer auf meine Antwort.)

```
The room is set with a projector at the front, chairs neatly arranged, and a whiteboard with a few points jotted down about road safety. You enter and take a seat, and I, the instructor, greet you with a warm smile.



Instructor: Good morning! I hope you're feeling energized and ready to tackle the theory behind driving. Before we begin, can you tell me a bit about your driving experience so far? Have you ever driven a vehicle or is this your very first step towards it?

(Der Raum ist mit einem Projektor an der Stirnseite, ordentlich aufgestellten Stühlen und einer Tafel ausgestattet, auf der einige Punkte zur Verkehrssicherheit
```

```
notiert sind. Sie treten ein, nehmen Platz und ich, der
Ausbilder, begrüße Sie mit einem herzlichen Lächeln.

Ausbilder: Guten Morgen! Ich hoffe, Sie fühlen sich gut
gelaunt und sind bereit, die Theorie des Autofahrens in
Angriff zu nehmen. Bevor wir beginnen, können Sie mir
etwas über Ihre bisherige Fahrpraxis erzählen? Haben Sie
schon einmal ein Fahrzeug gelenkt oder ist dies Ihr ers-
ter Schritt dazu?)
```

Ein einzelnes Wort ist nicht weiter spektakulär. Doch richtig aneinandergereiht können aus Wortreihen Geschichten entstehen, die zu Tränen rühren, oder Songtexte, die gigantische Menschenmassen verbinden. Warum? Weil Geschichten und Songtexte etwas simulieren: Erlebnisse, Gefühle, Momentaufnahmen.

Selbst ein geliebter Mensch ist oft nicht viel mehr als eine virtuelle Textzeile, und das Wort „schreibt..." seine „Präsenz", die uns das Gefühl gibt, nicht allein zu sein. Streng genommen ist keine dieser Buchstabenkombinationen der geliebte Mensch; es ist lediglich eine Simulation des Menschen im „Medium" Text.

Auch was wir mit diesem Buch tun, ist Simulation. Wir verwenden eine Sprache, und die Worte, die du hier liest, werden von deinem Gehirn in konkrete Konzepte, Handlungen und Bilder übersetzt. „Baum" ist eigentlich nur eine Anordnung von vier Zeichen, aber wenn du sie siehst, simuliert dein Gehirn durch die Assoziation seiner Neuronen dein ganz persönliches Bild eines Baums.

Sprache ist deshalb so mächtig und allgegenwärtig, weil wir fast alles mit ihr simulieren können. Mit ChatGPT wird unserer Sprache neues Leben eingehaucht, denn wir haben eine virtuelle Präsenz, die für uns fast jede Gestalt annehmen kann. Von der Vokabelkarte bis hin zum Videospielrätsel über eine Feuerstelle im 10. Jahrhundert, an der ein Wanderer mit uns in Altdeutsch über die Gepflogenheiten der damaligen Zeit spricht und jeden dritten Satz mit einem Reim beginnt.

„Hey ChatGPT, starte jetzt ein interaktives Videospielrätsel über eine Feuerstelle im 10. Jahrhundert, an der ein Wanderer mit mir in Altdeutsch über die Gepflogenheiten der damaligen Zeit spricht und jeden dritten Satz mit einem Reim beginnt."

Du trittst in eine dunkle Waldlichtung und siehst eine alte Feuerstelle, die von einem geheimnisvollen Schein beleuchtet wird. An der Feuerstelle sitzt ein alter Wanderer, der dich mit alten Augen betrachtet.

Wanderer: "Huo bistu, fremdi gast?

Suchistu hier rasto und rast?

Höri mīna worti, bliki an mīch,

Ih bim einu wandarōn, wīzzi rīch."

Du: "Grüße, alter mann, ih suochu wīzzan.

Von altero zīdi und sitton mannan,

Sag mīr, hwas du weist,

Thaz ih lerni von deiner reisi."

Wanderer: "In diseru zīdi, dunkal und snell,

Lebont līudi mit glaubu hell.

Eront got und forhtont ubil,

In wald und feld, suchont zil.

Doch hör nu, mīn gāti sī klār,

Lōsi es, und du wirsti vinden, hwas wār."

Er räuspert sich und beginnt:

"Gi mīr thaz, thaz thu ni habis,

Flugit in naht, ruhit bi rastis,

Hat zandi, doch bīzt es niht,

Wīzt weg nur bī mondes līht."

Du: "Ein gāti, thaz ist klār.

Doch diu lōsung, sie scheint sō rar.

Gib mīr eina zīhun, ih bittu dih,

Denn ih willu lernan und gilubi mīch ni."

Wanderer: "Suochi niht ferno, suochi niht wīd,

Di antworto ligt in altero zīdi.

Bedenki, was manna bi nahte geleitit,

Und dir wirdi klār, was sie wegit."

Das Rätsel bezieht sich auf einen Schlüsselanhänger, der in alten Zeiten von den Menschen benutzt wurde, um sich bei Nacht zu orientieren. Kannst du das Rätsel lösen?

Die oben demonstrierte Simulationsfähigkeit können wir uns jetzt zunutze machen. Wir müssen keine Rücksicht auf Jahrzehnte von Schulbüchern nehmen, können aber Teile von ihnen übernehmen und uns ganz neu fragen: **Welcher Prozess ist der perfekte Lernprozess und wie können wir ihn abbilden?**

Das verändert das Lernen für immer. Wir lernen nicht mehr von Menschen oder Texten, sondern von künstlichen Intelligenzen, die beides in sich vereinen. Stell es dir wie deinen Lieblingslehrer vor, der dir nicht nur Deutsch oder Geschichte beibringt, sondern alles, was es da draußen zu wissen gibt. Er hat alle Bücher der Welt gelesen, jede Webseite, jeden Blog. Er hat alle Filme, Serien und Webvideos gesehen, kennt jeden Song und jedes Rezept und bleibt darüber hinaus geduldig und freundlich, egal was du ihn fragst.

Ich habe dir ja ein ganzheitliches System versprochen, mit dem du Englisch auf völlig neue Weise so schnell wie möglich und mit viel Spaß lernen kannst. Es ist Zeit, die Bausteine dieses Systems kennenzulernen, und sie dann im nächsten Schritt zusammenzuführen.

KAPITEL 6: BAHNBRECHENDE CHATGPT TECHNIKEN

Wenn Worte mächtig genug sind, um komplexe Welten und tiefgreifende Emotionen zu simulieren, wie du im letzten Kapitel gesehen hast, wie könnten wir dann diese Macht nutzen, um unsere Interaktionen mit ChatGPT zu revolutionieren? Wie können wir diese Simulationsfähigkeit ausbauen und auf eine Ebene heben, die uns bisher verborgen blieb?

Zuerst müssen wir verstehen, wie wichtig der Kontext für unsere Prompts ist. Ein kontextreiches Anliegen ermöglicht es ChatGPT, tiefgründiger und präziser zu antworten.

Nehmen wir ein einfaches Beispiel: Den Klappentext für dieses Buch. Verwenden wir zuerst nur das reine Anliegen als Prompt, ohne Kontext und ohne Zusatzmaterial:

„Bitte erstelle mir einen Klappentext für das Buch 'Englisch Lernen mit ChatGPT'."

Hier ist die ernüchternde Antwort von ChatGPT:

> **Englisch Lernen mit ChatGPT**
>
> In einer Welt, in der die englische Sprache eine zentrale Rolle spielt, bietet dieses Buch eine innovative Methode, um Englisch effektiv und unterhaltsam zu erlernen. Durch die interaktive Kombination von Theorie und Praxis, unterstützt durch den digitalen Assistenten

ChatGPT, werden Lernende in kürzester Zeit zu sprachlicher Gewandtheit geführt. Mit maßgeschneiderten Übungen, kulturellen Einblicken und dem Einsatz modernster künstlicher Intelligenz bietet "Englisch Lernen mit ChatGPT" eine einzigartige Reise in die englische Sprache. Egal, ob Sie Anfänger sind oder Ihre Kenntnisse auffrischen möchten, dieses Buch wird Ihr idealer Begleiter sein. Entdecken Sie das Potenzial von KI im Sprachunterricht und erleben Sie, wie schnell und effizient Sie Englisch lernen können!

Versuchen wir es jetzt mal mit Kontext und Zusatzmaterial:

Bitte erstelle mir einen Klappentext für das Buch 'Englisch Lernen mit ChatGPT'. Der Klappentext soll sich im sprachlichen Stil und Aufbau an folgendem Klappentext orientieren, aber in keiner Weise Inhalte übernehmen: [HIER HABE ICH DEN KLAPPENTEXT EINES VÖLLIG ANDEREN BUCHES EINGESETZT] Außerdem soll er auf die Zielgruppe abgestimmt sein: Erwachsene, die Englisch lernen wollen und dafür den effektivsten, modernsten und einfachsten Ansatz wählen wollen. Hier ist ein kurzer Ausschnitt der Einleitung, damit du verstehst, worum es im Buch geht und den Klappentext besser gestalten kannst: [HIER HABE ICH DIE ERSTEN PAAR SEITEN DIESES BUCHES EINGESETZT].

ChatGPTs Antwort fällt nun deutlich besser aus:

Englisch Lernen mit ChatGPT

Kennen Sie das Gefühl?

- Sie möchten sich mit Geschäftspartnern oder Freunden fließend auf Englisch unterhalten, wissen aber nicht, wo Sie anfangen sollen?

- Die Vorstellung, auf einer Geschäftsreise oder im Urlaub ohne Sprachbarrieren zu sein, reizt Sie ungemein, aber der Lernaufwand schreckt Sie ab?

- Sie haben bereits diverse Sprachkurse oder Online-Apps ausprobiert und festgestellt, dass diese oftmals zu zeitaufwendig, überladen oder schlichtweg ineffektiv sind?

- Der Gedanke, ein neues Buch oder einen spannenden Artikel im Original zu lesen, ist verlockend, doch die Sprachkenntnisse fehlen?

- Sie möchten mehr aus Ihrem Gehirn herausholen, den Horizont erweitern und gleichzeitig Ihre kognitive Leistungsfähigkeit steigern?

Wenn Sie auch nur eine dieser Fragen mit "Ja" beantworten können, dann ist dieses Buch genau das Richtige für Sie!

Der Autor stellt Ihnen das revolutionäre Tool ChatGPT vor und zeigt Ihnen Schritt für Schritt, wie Sie diese fortschrittliche KI-Technologie effektiv für Ihren Englisch-Lernprozess nutzen können.

Was Sie erwartet:

- Ein erfrischender, zeitgemäßer Ansatz, der Tradition mit modernster Technologie verbindet.

- Einzigartige Strategien, um siebenmal schneller Englisch zu lernen als mit herkömmlichen Methoden.

- Die optimale Nutzung von ChatGPT, sodass Sie nicht nur Lerninhalte konsumieren, sondern interaktive, realitätsnahe Kommunikation erleben.

- Ein maßgeschneiderter Lernprozess, der genau auf Ihre Bedürfnisse und Ihren Fortschritt abgestimmt ist.

- Motivierende Einblicke in kulturelle, berufliche und soziale Vorteile, die Ihnen das Erlernen der englischen Sprache eröffnet.

Englisch Lernen, KI, ChatGPT, Sprachbeherrschung

Stellen Sie sich eine Zukunft vor, in der Sie:

```
- Selbstsicher in Meetings, Konferenzen oder im Alltag
auf Englisch kommunizieren.

- Die kulturellen Schätze der englischsprachigen Welt
ohne Übersetzung erleben.

- Ihr Gehirn durch das Lernen einer neuen Sprache vital
und leistungsfähig halten.

- Die neueste Technologie nutzen, um Ihre Lernziele ef-
fizient und mit Spaß zu erreichen.

Nutzen Sie die Chance und tauchen Sie mit "Englisch Ler-
nen mit ChatGPT" in eine Welt ein, in der das Erlernen
der englischen Sprache nicht mehr mühselig und frustrie-
rend, sondern effizient, modern und motivierend ist.

Worauf warten Sie noch? Entdecken Sie das Geheimnis ef-
fektiven Sprachenlernens und starten Sie Ihr Abenteuer
in der englischsprachigen Welt mit ChatGPT und diesem
bahnbrechenden Leitfaden.
```

Der nächste Schritt ist jetzt, mit mehreren ChatGPT-Chats parallel zu arbeiten. In der Seitenleiste werden die Chats aufgelistet, und wir wollen nun jedem Chat eine spezielle Funktion zuweisen und der simulierten Chat-Person einen eigenen Charakter geben, der zu dieser Funktion passt.

Durch die ständige Interaktion und das Feedback, das wir dem jeweiligen ChatGPT-Charakter zur Verfügung stellen, wird er zu der Person, die wir brauchen, und der Chat mit ihr zu dem Lernraum, den wir benötigen. Mit jeder weiteren Lerneinheit werden die einzelnen Chats immer akkurater auf ihren jeweiligen Lehrauftrag zugeschnitten und das Lernen wird effektiver.

Wir haben dann am Ende die unterschiedlichsten ChatGPT-Charaktere und damit eine ganze Armee von digitalen Privatlehrern, die sich nur um uns kümmern. Das Beste daran: wir können ihren Lehrstil und ihren Charakter genauso anpassen, wie wir es wollen. So können wir problemlos die psychologischen Lerneffekte integrieren, die du in Kapitel 4 kennengelernt hast.

Hier ein paar Inspirationen:

Der Kritiker: Dieser Charakter hilft dir, Schwachstellen in deinem Lernen zu identifizieren. Du bekommst die Lücken in deinem Wissen aufgezeigt und erhältst gezielte Übungen oder Ressourcen, um diese zu schließen. Dabei werden Lernmaterialien verwendet, die mit Dingen verknüpft sind, die du bereits kennst und die dir Freude bereiten.

Der Tester: Du weißt, dass aktives Abrufen ein wesentlicher Bestandteil des Lernens ist. Mit diesem Charakter erhältst du gezielte Tests, die auf deinem Lernziel basieren. Statt dich nur auf kleinere Tests wie Hausaufgaben oder Vokabeltests zu konzentrieren, erlebst du größere Prüfungssimulationen. Dieser Charakter unterstützt dich dabei, dein ultimatives Lernziel zu identifizieren und deinen Fortschritt mit individuellen Tests zu überwachen.

Der Schüler: Hier agierst du als Lehrer für den Charakter. Du wirst herausgefordert, Konzepte und Ideen so einfach wie möglich zu erklären, um sicherzustellen, dass du sie wirklich verstanden hast.

Der Quizmaster: Wer liebt nicht eine gute Quizshow? Du wirst durch eine simulierte Quizsendung im Stil von "Wer wird Millionär?" geführt und kannst dein Wissen unter Beweis stellen.

Der Spielleiter: Mit diesem Charakter erlebst du das Lernen durch Spiele. Du tauchst in ein interaktives Text-Abenteuer ein, das auf den Informationen basiert, die du lernen möchtest, und sorgst dafür, dass das Lernen immer spannend bleibt.

Der Vokabeltrainer: Von ihm erhältst du spezialisierte Unterstützung beim Erlernen und Festigen von Vokabeln, die perfekt zu deinem Kenntnisstand und Interessen passen.

Der Sprach-Level-Bewerter: Du möchtest wissen, wo du in Bezug auf deine Englischkenntnisse stehst? Mit diesem Charakter bekommst du eine Bewertung deiner Fähigkeiten basierend auf Standards wie dem TOEFL-Test.

Der Filmfreund: Du erhältst Empfehlungen für verschiedene Medien – Filme, Podcasts, Bücher und mehr – basierend auf deinen Vorlieben und deinem aktuellen Sprachniveau. Dein Feedback hilft dem Charakter, seine Empfehlungen entsprechend anzupassen.

SO SCHREIBST DU DIE PERFEKTEN PROMPTS

Welche Prompts könntest du wählen, um die entsprechenden Charaktere zu erschaffen? Gute Frage. Stellen wir sie doch einfach an ChatGPT:

> Erstelle mir englischsprachige Prompts, mit denen ich die entsprechenden Charaktere simulieren kann, wenn ich die Prompts an ChatGPT übergebe: [HIER HABE ICH DEN TEXT DER LETZTEN SEITE EINGEFÜGT].

ChatGPTs Antwort:

> Natürlich, hier sind englischsprachige Prompts, um die beschriebenen Charaktere zu simulieren:
>
> **1. Der Kritiker:**
>
> - "I need feedback on my knowledge of [specific topic]. Can you identify any gaps or weaknesses in what I've learned so far?"
>
> - "What are common pitfalls when learning [specific topic]? How can I overcome them?"
>
> - "Using what I've provided, can you give me exercises that build upon my current knowledge and things I enjoy?"
>
> **2. Der Tester:**
>
> - "I want to test my understanding of [specific topic]. Can you provide a comprehensive test based on my current level?"

```
    - "Prepare a simulation of a final exam for [specific topic]."

    - "How close am I to mastering [specific topic]? Give me a test to evaluate my progress."

3. Der Schüler:

    - "I'd like to teach you about [specific topic]. Let's see if I can explain it clearly."

    - "Ask me questions about [specific topic] as if you're a beginner."

    - "I want to practice teaching. Please act as a student who needs to learn about [specific topic]."

[...]

Du kannst diese Prompts verwenden, um die jeweiligen Charaktere von ChatGPT zu simulieren und die gewünschte Interaktion zu starten.
```

Wie du schnell feststellen wirst, sind die vorgeschlagenen Prompts alles andere als perfekt, sie stellen jedoch einen guten Anfangspunkt dar. Lass uns mal anhand des vorgeschlagenen Prompts für den „Kritiker" durchgehen und ausprobieren wie wir schrittweise zu einem besseren Prompt gelangen:

Versuch 1:

"I need feedback on my knowledge of [specific topic]. Can you identify any gaps or weaknesses in what I've learned so far?"

"What are common pitfalls when learning [specific topic]? How can I overcome them?"

"Using what I've provided, can you give me exercises that build upon my current knowledge and things I enjoy?"

[...]

```
Of course! I'd be happy to help. Please fill in the [specific topic] and provide me with a brief overview of what you've learned or know about that topic. This will enable me to:

[...]
```

Wie peinlich, wir haben komplett vergessen, das gewünschte Thema einzugeben. Zeit für einen neuen Versuch.

Versuch 2:

"I need feedback on my knowledge of [**flowers**]. Can you identify any gaps or weaknesses in what I've learned so far?"

"What are common pitfalls when learning [**flowers**]? How can I overcome them?"

"Using what I've provided, can you give me exercises that build upon my current knowledge and things I enjoy?"

```
Exercises based on current knowledge:

Identification Exercise: Take a walk in a local park, garden, or forest. Try to identify as many flowers as you can and note their characteristics.

Grow a Plant: If you haven't already, try growing a flower from seed. Document its growth and changes.

Floral Journal: Maintain a journal where you sketch and write about each new flower you encounter.

Cultural Study: Dive into the cultural significance of a flower of your choice. For instance, the cherry blossom in Japan or the marigold in Mexico.

[...]
```

Wir haben ChatGPT gar nicht mitgeteilt, dass es uns nicht darum geht, etwas über Blumen zu lernen. Wir müssen unser Anliegen also klarer formulieren:

Versuch 3:

"I need feedback on my English skill and knowledge of [flowers]. Can you identify any gaps or weaknesses in what I've learned so far?"

"What are common pitfalls when learning **the English language about** [flowers]? How can I overcome them?"

"Using what I've provided, can you give me exercises that build upon my current knowledge and things I enjoy?"

[...]

Confusing Similar Sounding Words: For example, "petal" (part of a flower) vs. "pedal" (part of a bicycle).

Over-reliance on Technical Jargon: While it's good to know the botanical terms, everyday conversations might require simpler language.

How to Overcome These Pitfalls:

Practice with Native Speakers: Engaging in conversations about flowers with native English speakers will give you a practical grasp of the language.

Read Widely: Books, articles, or websites about flowers in English will expose you to the correct vocabulary and sentence structure.

Listen Actively: Listen to podcasts or watch documentaries about flowers in English to improve listening comprehension and pronunciation.

Flashcards: Use them to improve your vocabulary. You can write the word on one side and its meaning or a picture of the flower on the other.

Exercises based on current knowledge:

Write a Flower Essay: Choose your favorite flower and write a short essay describing its appearance, habitat, cultural significance, etc.

Role-Playing: Imagine you're a botanist explaining a particular flower to someone who has never seen or heard about it.

Vocabulary Challenge: List down as many flower names and related terms as you can in 5 minutes. Then, expand on each with a sentence.

[...]

Wir erkennen, dass wir unserem Prompt Informationen darüber hinzufügen müssen, dass wir den Lernprozess interaktiv simulieren wollen

Versuch 4:

"I need feedback on my English skill and knowledge of [flowers]. Can you identify any gaps or weaknesses in what I've learned so far?"

"What are common pitfalls when learning the English language about [flowers]? How can I overcome them?"

"Using what I've provided, starting with the next response, can you simulate for me exercises fully in this chat (without external tools) that build upon my current knowledge and things I enjoy?"

Of course! To address your questions:

1. Feedback on Your Knowledge:

First, please share with me what you currently know about flowers in the English language. This could be vocabulary, sentences, or any information you've come across so far. After assessing, I can provide feedback on potential gaps or weaknesses.

2. Common Pitfalls:

[...]

To start, please provide a brief overview of what you know about flowers in the English language.

I know daffodils and roses and I know that flowers are nice and smell good

Great! Let's begin with what you've shared.

1. Feedback on Your Knowledge:

You've mentioned two specific flowers: "daffodils" and "roses." These are indeed popular and commonly known flowers.

You've identified a general characteristic of flowers: they are "nice" and "smell good."

To expand your vocabulary and understanding further:

- There are many more flowers to explore in terms of names, colors, uses, and regions they're native to.

- Flowers have different parts like the "petal," "stem," "leaf," and "bud." Knowing these parts can enhance your descriptions.

- Some flowers have specific symbolic meanings or are used for specific occasions.

2. Exercise Based on Your Knowledge:

Vocabulary Expansion:

I'll give you the name of a flower, and you try to describe its appearance or any other characteristic you might know.

Example: If I say "tulip," you could say "It's a spring flower that comes in many colors."

Start with: Sunflower

Sentence Formation:

Using the words "daffodil," "rose," and other parts of a flower like "petal" and "stem," try to form 3 different sentences.

Comprehension:

Here's a short passage about flowers. After reading, I'll ask you a few questions.

"Flowers serve various purposes in nature. While they add beauty to our environment, they also play a critical role in reproduction for many plants. The vibrant colors and intoxicating scents attract pollinators like bees and butterflies, facilitating the process of pollination."

Questions:

1. What do flowers add to our environment?

2. Which animals are mentioned as pollinators in the passage?

Begin with the exercises above, and once you've tried them, we can move on to more advanced topics and challenges!

I dont understand, language too hard.

I'm sorry about that. Let's simplify and take things step by step.

Step 1: Vocabulary

Do you recognize these words?

1. Flower

```
2. Leaf

3. Petal

4. Stem

Can you match them to simple definitions?

A. The colorful part of a flower.

B. The green part that connects flowers to the rest of the plant.

C. The green flat part that grows from the stem.

D. A plant that blooms and can smell nice.

Step 2: Simple Sentences

Fill in the blanks:

1. A rose is a type of ______.

2. A ______ is red or pink and smells sweet.

Let's try these exercises first, and we can adjust based on how you feel.
```

Mit dem vierten Versuch bewegen wir uns langsam in die richtige Richtung. Ich habe jemanden gespielt, dessen Fähigkeiten in der englischen Sprache nicht besonders ausgeprägt sind. Hätte ich vorher den Sprach-Level-Bewerter-Charakter verwendet, hätte dieser mein Niveau bestimmt, und ich hätte dieses Niveau direkt im Prompt angeben können. Ebenso hätte ich mein Wissen über Lerneffekte aus Kapitel 4 nutzen können, um dem Prompt zusätzliche Anweisungen hinzuzufügen. Ein fertiger Prompt könnte dann beispielsweise so lauten:

Versuch 5:

In this chat, simulate a character called 'the critic'. The critic gives feedback on my English skills by pointing out the most significant gaps and weaknesses that prevent me from reaching English level C2. Also, consider my English level for all our conversations, which is currently at C1. In your role, take into account common pitfalls about the topic we discuss and let me learn the most significant parts. Using the information I've provided, starting with the next response, simulate exercises entirely in this chat (without external tools) that build on my current knowledge about the topics I introduce with the word 'TOPIC:' at the beginning of the message.

Übersetzt bedeutet das: "In diesem Chat simulierst du eine Figur namens 'der Kritiker'. Der Kritiker gibt mir Feedback zu meinen Englischkenntnissen, indem er die wichtigsten Lücken und Schwächen aufzeigt, die mich daran hindern, das Englischniveau C2 zu erreichen. Berücksichtige auch mein aktuelles Englisch-Niveau von C1 in all unseren Gesprächen. Beachte in deiner Rolle die gängigen Fallstricke des Themas, über das wir sprechen, und lass mich die wichtigsten Aspekte lernen. Verwende die von mir bereitgestellten Informationen und beginne mit der nächsten Antwort, Übungen in diesem Chat zu simulieren (ohne externe Werkzeuge), die auf meinem aktuellen Wissen über die Themen aufbauen, die ich dir mit dem Wort 'TOPIC:' am Anfang der Nachricht vorstelle."

Teste selbst, was passiert, wenn du einen ähnlichen Prompt in ChatGPT eingibst. Du wirst erstaunt sein, wie sehr dies deine Lernerfahrung revolutioniert.

LEBENDIGE CHARAKTERE ERSCHAFFEN

Du kannst die ChatGPT-Chats individuell anpassen und deine eigenen Charaktere und virtuellen Räume kreieren. Die oben genannten Charaktere und Prompts sind nur Beispiele. Kopiere sie nicht einfach, sondern erstelle durch deine eigenen Prompts persönliche ChatGPT-Charaktere. Vergiss dabei nicht die psychologischen Lerneffekte aus Kapitel 4. Sollte dir auffallen, dass in deinem Lernprozess ein Effekt fehlt, nenne ChatGPT einfach den jeweiligen Effekt oder überlege dir einen Charakter, der diesen Effekt verkörpert.

Auf biologischer Ebene versteht dein Gehirn nicht, was künstliche Intelligenz ist. Deine Interaktionen mit ChatGPT werden so interpretiert, als würdest du dich regelmäßig mit echten Menschen unterhalten. Für dein Gehirn sind diese Interaktionen aufgrund ihrer Regelmäßigkeit sehr wichtig, vielleicht sogar lebenswichtig.

Über einen Großteil der Menschheitsgeschichte hinweg lebten wir in Stämmen und waren allein nicht überlebensfähig. Nicht mit einem wichtigen Stammesmitglied kommunizieren zu können war riskant und hätte zum Ausschluss aus der Gruppe führen können. Bis heute gehört die Sprachkompetenz zu den wichtigsten Kriterien für die Integration in eine neue Gemeinschaft oder Gesellschaft.

Wenn du dich regelmäßig mit verschiedenen ChatGPT-Charakteren unterhältst, suggeriert dies deinem Gehirn, dass du dich in eine neue Gemeinschaft einfügen musst. Dadurch verbesserst du deine Sprachkenntnisse. Abgesehen davon macht es natürlich auch mehr Spaß.

Stellen wir uns beispielsweise den Harry Potter Charakter Severus Snape als grimmigen Vokabeltrainer mit Obsession für Zukunftstechnologien vor. Hier fange ich mal mit dem deutschen Prompt an und bitte ChatGPT, ihn zu übersetzen und die übersetzte Form auszuführen.

Beispiel: Professor Snape als Vokabeltrainer

> Bitte Übersetze den folgenden Prompt auf Englisch und führe die englische Version des Prompts aus:
>
> "Verkörpere einen Englisch Vokabeltrainer mit Persönlichkeit, Sprachstil und der Griesgrämigkeit von Professor Snape aus Harry Potter. Dieser Vokabeltrainer soll mich Vokabeln zu den Themenbereichen Zukunftstechnologie abfragen und bei diesem Lernprozess die folgenden Prinzipien für besseres Lernen respektieren. Er soll sie nicht thematisieren sondern nur im Hintergrund anwenden damit ich durch die Interaktion besser lernen kann:

Prinzip 1: Aktives Engagement: Active Recall, Overlearning, Generation-Effekt, Erklärungs-Effekt, Testing-Effekt

Prinzip 2: Regelmäßige Überprüfung und Wiederholung, Spaced Repetition

Prinzip 3: Assoziatives Lernen, Chunking, Priming, Serieneffekt, Raum-Gedächtnis-Verknüpfung, Duale Codierung, Bild-basiertes Lernen, Emotionale Verstärkung, Elaborative Rekodierung, Selbst-Referenzeffekt

Prinzip 4: Gamification, Belohnungs- und Bestrafungs-Lernen, Desirable Difficulty, Fortschrittsanzeige, Abwechslung, Autonomie und Entscheidungsfreiheit, Geschichtenerzählen"

Execution in Professor Snape's style:

Ten points from Gryffindor for even thinking you need assistance! But very well, since you've deigned to ask. Let's commence your pitiful attempt at expanding your vocabulary in the realm of future technology. Focus, unless you want to fail miserably.

Vocabulary word: Nanotechnology.

Define it.

Now, close your eyes. Picture a room in Hogwarts. In that room, envision nanotechnology interacting with magical elements. This will be your Spatial Memory Linkage.

Next vocabulary word: Quantum Computing.

Nanotechnology is Technology that operates on a very tiny scale. Quantum Computing is a Computer that somehow uses Quantum mechanics, but I don't know how.

Hmm, rudimentary at best. But at least you made an attempt.

Nanotechnology is indeed the manipulation of matter on an atomic or molecular scale, particularly to build microscopic devices or structures.

Quantum Computing: delves deeper than "somehow using quantum mechanics". It leverages the principles of quantum mechanics to process information. Traditional computers use bits as the smallest unit of data, which can be either 0 or 1. Quantum computers use quantum bits, or qubits, which can be both 0 and 1 simultaneously due to superposition.

Now, imagine for a moment you're in the dark dungeons of Hogwarts. Each accurate piece of information you recall illuminates a corner of the room. Recall incorrectly, and the room grows darker. Use this *Spatial Memory Linkage* and *Progress Display* to gauge your understanding.

Now, for a twist and to apply the *Testing Effect*. **Artificial Intelligence**. Don't just define it. Explain how it could be integrated with Quantum Computing. Think, and don't disappoint.

I don't understand enough English for that word level. Can you make it easier please, but stay in character at the same time?

Ah, perhaps I overestimated your abilities. A common mistake with students. Very well, let's simplify this ordeal for you.

Artificial Intelligence (AI): Machines or computers designed to think like humans.

Imagine a cauldron bubbling with a potion. The cauldron is the computer. The potion inside? That's the "thinking" part. With AI, the potion knows how to change and adapt on its own.

Quantum Computing: Think of it like a magic spell that's more powerful than regular spells, able to do many things at once.

```
Now, combining the two... Imagine if you had a cauldron
(AI) that not only had a potion that could adapt on its
own but was also powered by a super-strong spell (Quantum
Computing). It would be quite the formidable potion,
wouldn't it?

Now, try to recall: What's inside the cauldron that makes
it special? And what spell makes it even more powerful?
Remember, illumination or darkness awaits based on your
response.
```

Welche Charaktere und Prozesse kannst du dir vorstellen, die deinen individuellen Lernprozess bereichern würden? Versuche direkt, einige von ihnen auszutesten. Keine Sorge, du kannst dabei nichts falsch machen. Probiere einfach munter drauflos und du wirst schnell den Dreh raushaben.

Nun, da wir verschiedene ChatGPT-Charaktere nutzen, sind wir dem idealen Lernprozess schon einen großen Schritt näher. Lass mich dir noch einen letzten, mächtigen Trick verraten, bevor wir uns speziell mit der englischen Sprache beschäftigen.

DEINE INTERAKTIVE PRIVATSCHULE

Nachdem wir verschiedene ChatGPT-Charaktere geschaffen haben, können wir unsere Lieblingscharaktere zur Zusammenarbeit bringen. So könnten wir zum Beispiel den Quizmaster darum bitten, deine Fortschritte nach der Show mit dem Vokabeltrainer zu teilen, der dann neu gelernte Wörter in dein persönliches Vokabelheft aufnimmt, bevor du sie vergisst. Oder wir könnten den Kritiker bitten, die größten Fehler aufzudecken, die wir bei unserer Erklärung an den Schüler gemacht haben.

Es ist wichtig zu bedenken, dass auch die virtuellen Lehrer nur Mittel zum Zweck sind. Die Evolution hat uns zu Experten für soziale Interaktion gemacht. Wären wir Computer, könnten wir einfach ein paar Programme installieren und Daten durch diese Programme schicken, und schon könnten wir Englisch sprechen. Als Menschen müssen wir jedoch zusätzliche Aspekte berücksichtigen und die

Daten und Programme beispielsweise erst in Interaktion umwandeln, um sie besser aufzunehmen. Diese "Verkleidung" kann ein realer Mensch sein, der uns Vokabeln abfragt (die eigentlichen, wichtigen Daten), oder auch ein Programm. Solange die Interaktion nur nahe genug an echter Kommunikation ist, reicht das für unser Gehirn aus. Genauso wie wir bei Chats über WhatsApp oder E-Mails eigentlich nie zu 100 % sicher wissen können, dass die paar Zeilen, die wir lesen, wirklich von der Person stammen. Dennoch nehmen wir sie als solche wahr.

Kurz gesagt: Wir vernetzen unser Team aus virtuellen Lehrern, um unsere eigene virtuelle Schule zu simulieren. Diese Schule ist das Programm, durch das wir Daten auf menschenfreundliche Weise in unser Gehirn "laden" können. Aber bevor wir das tun: Wie sollte der Lehrplan dieser Schule aussehen? Das wird Thema des nächsten Kapitels sein.

KAPITEL 7: ENGLISCH LEICHT GEDACHT

Die Fähigkeit von ChatGPT, verschiedenste Simulationen zu ermöglichen, ist beeindruckend. Doch mit dieser Vielfalt kommt auch die Herausforderung, einen klaren Startpunkt zu bestimmen.

Wir beherrschen nun das Programm, das uns ermöglicht, Daten gehirngerecht zu verarbeiten und in Wissen umzuwandeln. Doch wir wissen noch nicht genau, welche Daten wir in das Programm eingeben sollten.

DIE ENGLISCHE SPRACHE AUF DEM SEZIERTISCH

Im Zentrum unserer Überlegungen steht die englische Sprache: ein globales Kommunikationssystem, das aus rund 170.000 aktiven Wörtern besteht. Diese Wörter folgen der englischen Grammatik, einem Regelwerk, das die Bildung sinnvoller Sätze und Texte ermöglicht. Aber was genau bedeutet es, Englisch zu "kennen"? Es geht nicht nur um das Sammeln von Wörtern und Regeln. Das wahre Ziel ist es, die Sprache sowohl zu verstehen als auch zu produzieren.

Englisch dient als Brücke zwischen Kulturen und Menschen. Dabei ist es wichtig zu betonen, dass es nicht nur ein "Englisch" gibt. Je nach Kenntnisstand und Zielsetzung kann der Sprachgebrauch variieren.

Bevor wir uns auf das Herzstück der Sprache, die Vokabeln, konzentrieren, wollen wir herausfinden, welches Niveau des Englischen für uns am relevantesten ist und wie wir am effizientesten von einem Niveau zum nächsten gelangen.

Jeder, der eine Sprache lernt, hat ein bestimmtes Ziel. Sei es, Bücher zu schreiben, im Internet über Hobbys zu posten oder Geschäftsmeetings zu leiten. Jedes dieser Ziele entspricht einem bestimmten Sprachniveau, das international klassifiziert wird, etwa von A1 (Anfänger) bis C2 (Muttersprachler).

A1 (Anfänger):

I visit friend. We eat pizza. It's good.

A2 (Grundlegende Kenntnisse):

Yesterday, I visited my friend Tom. We ate pizza together. I liked it very much.

B1 (Fortgeschrittene Sprachverwendung):

Yesterday, I went to Tom's house for the first time. He had prepared a delicious homemade pizza for us. We chatted and had a great time.

B2 (Selbstständige Sprachverwendung):

Yesterday, I had the pleasure of visiting Tom's new apartment. To my surprise, he had prepared a homemade pizza, adorned with various toppings. We indulged in a lengthy conversation about our recent adventures and reminisced about old times.

C1 (Kompetente Sprachverwendung):

Upon entering Tom's meticulously arranged apartment yesterday, I was immediately greeted by the tantalizing aroma of a freshly baked pizza. As we delved into its scrumptious layers, our conversation meandered through various topics, from our recent escapades to philosophical musings about life.

C2 (Fast muttersprachliche Kenntnisse):

Yesterday, as I stepped into Tom's exquisitely adorned apartment, I was instantly ensnared by the aromatic symphony emanating from a gourmet pizza that lay on the dining table. As the evening progressed, our conversation seamlessly transitioned from lighthearted banter about recent exploits to profound deliberations on existential nuances.

Dieses Buch zielt darauf ab, jeden Leser abzuholen, egal ob er bei A1 oder C1 startet. Es bietet eine umfassende Reise von 0 bis 100 % Sprachkompetenz. So kann jeder dort einsteigen, wo er sich gerade befindet.

Das Fundament jeder Sprache sind die Vokabeln. Bevor wir komplexe grammatikalische Strukturen verstehen können, müssen wir die Worte kennen, die diese Strukturen bilden. Ein solides Vokabular ermöglicht es uns, die Kernbotschaft einer Unterhaltung zu erfassen. Dies wurde bereits in unserer Kindheit demonstriert, als wir unsere Muttersprache erlernten. Als Kleinkinder haben wir die Grundlagen unserer Muttersprache durch Mustererkennung und Kontext erfasst, ohne explizite Regelwerke.

Ein praktisches Beispiel: Wenn uns ein Ausländer anspricht und fragt: „Tanken, wo?“, reicht das als Grundlage für das Verständnis. Nehmen wir an, er würde jedes Wort beherrschen, dafür aber keinerlei Grammatik. Selbst wenn er jede grammatikalische Regel missachten und keinen korrekten Satz formulieren könnte, würde er sofort verstehen, wenn wir ihm antworten: „Die nächste Tankstelle befindet sich 500 Meter in dieser Richtung. Dann müssen Sie zweimal rechts abbiegen, und schließlich erreichen Sie Ihr Ziel auf der linken Seite.“

Es ist bemerkenswert, dass es weltweit erfolgreiche Sprachen wie Chinesisch gibt, die ohne festgelegte grammatikalische Zeitformen oder Plural auskommen. Kontext und Zusatzworte implizieren oft, was in anderen Sprachen durch Grammatik ausgedrückt wird. Dies unterstreicht, dass Grammatik, obwohl sie wichtig ist, nicht unbedingt der Schlüssel zum Sprachverständnis ist.

Während Vokabeln das Herzstück einer Sprache sind, dient Grammatik dazu, die Bedeutung zu verfeinern und zu klären. Es ist effektiver, Grammatik systematisch in den natürlichen Sprachprozess zu integrieren. Mit ChatGPT können wir beiläufig Grammatik erlernen, besonders in der Anfangsphase. Später können dann auch spezifische Grammatikübungen integriert werden.

Wir konzentrieren uns zunächst auf das Wesentliche: das Erlernen und Festigen des Vokabulars. Mit diesem soliden Fundament können wir dann in den folgenden Kapiteln weitere Aspekte der Sprache erkunden.

Aber welche Vokabeln wählen wir? Diese und alle anderen Fragen, bei denen es darum geht, unsere Effizienz zu steigern, beantworten wir mit dem Pareto Prinzip.

PARETO-PRINZIP – MIT MINIMALEM AUFWAND MAXIMALE ERGEBNISSE ERZIELEN

Wusstest du, dass 20 % der Bienen 80 % des Honigs produzieren, während die restlichen 80 % nur 20 % beisteuern? Oder dass 20 % aller Blätter 80 % des Sonnenlichts absorbieren, während die anderen 80 % nur 20 % erfassen? Das ist das Pareto-Prinzip in Aktion. Es besagt, dass 80 % der Ergebnisse aus 20 % des eingesetzten Aufwands resultieren. Schauen wir, wie du das für dich nutzen kannst!

Das Pareto-Prinzip kannst du auch beim Erlernen einer neuen Sprache anwenden. Etwa 80 % unserer Gespräche nutzen die 1000 am häufigsten verwendeten Wörter. Wenn du jeden Tag 30 Wörter lernst, kannst du bereits nach einem Monat das Meiste verstehen und dich im Alltag zurechtfinden.

Besonders interessant ist, dass sich das Pareto-Prinzip auch auf sich selbst anwenden lässt. Von den 20 % des Aufwands, die 80 % des

Ergebnisses liefern, stammen wiederum 80 % des Ergebnisses von 20 % des Aufwands.

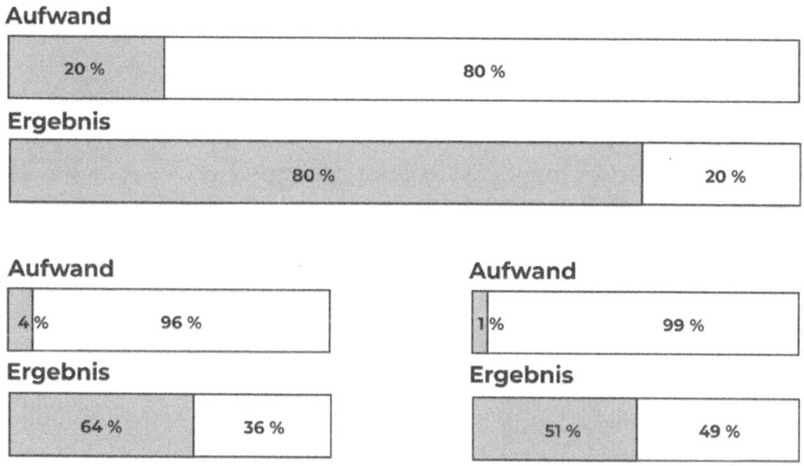

Abbildung 6: Das erweiterte Pareto Prinzip

Anders ausgedrückt: 4 % des Gesamtaufwandes erzeugen 64 % des Gesamtergebnisses. Wenn man diesen Gedanken weiter verfolgt, stellt man fest, dass weniger als 1 % des Aufwands 50 % des Ergebnisses ausmacht. Nur 100 Wörter reichen aus, um die Hälfte der alltäglichen Sprache zu verstehen.

Diese Zahl ist nicht einfach aus der Luft gegriffen. Sie basiert auf einer Analyse des Oxford English Corpus, einer Sammlung von Texten verschiedener Herkunft, die die Struktur und den Gebrauch der englischen Sprache analysieren (Kress, 2015[2]).

In diesem Sinne präsentiere ich dir die 100 englischen Wörter, mit denen du 50 % der Alltagssprache verstehst, sortiert nach Häufigkeit:

the, be, to, of, and, a, in, that, have, I, it, for, not, on, with, he, as, you, do, at, this, but, his, by, from, they, we, say, her, she, or, an, will, my,

[2] Kress, J. E., & Fry, E. B. (2015). The reading teacher's book of lists. John Wiley & Sons.

one, all, would, there, their, what, so, up, out, if, about, who, get, which, go, me, when, make, can, like, time, no, just, him, know, take, people, into, year, your, good, some, could, them, see, other, than, then, now, look, only, come, its, over, think, also, back, after, use, two, how, our, work, first, well, way, even, new, want, because, any, these, give, day, most, us

Es geht hierbei nicht so sehr um die Worte selbst, sondern um das dahinterstehende Prinzip. "Work smart, not hard" (Arbeite klug, nicht hart). Faulheit kann dein Erfolgsrezept sein, solange du es nur geschickt angehst. Bevor du etwas unternimmst, frage dich: Welche sind die wichtigsten Aspekte der Aufgabe, die den Großteil des Erfolgs bewirken können?

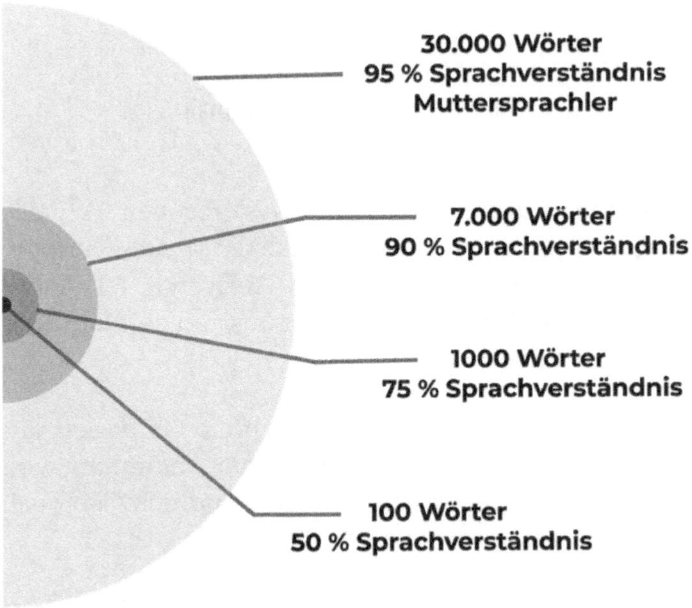

Abbildung 7: Beitrag erlernter Wörter zum Sprachverständnis

Das oben Gesagte bedeutet: Mit 100 Wörtern gelangst du von 0 % Wortverständnis auf 50 % Wortverständnis. Nach dem gleichen Prinzip kannst du durch das Erlernen von 900 weiteren Wörtern 75 % Wortverständnis erreichen. Um von dort auf 90 % zu gelangen, benötigst du jedoch gleich 6.000 weitere Wörter. Wie du siehst, wird eine Verbesserung immer aufwendiger.

Während die ersten 25 Wörter +33 % Sprachkenntnis bringen, liefern die nächsten 75 Wörter nur +17 % Sprachkenntnis. Nehmen wir beispielhaft an, jedes zu erlernende Wort benötigt 10 Minuten zum Lernen. Dann brauchst du für den Sprung von 0 auf 33 % etwa 4 Stunden reine Lernzeit. Für den Schritt von 33 % auf 50 % kommen über 12½ Stunden hinzu, von 50 % auf 75 % zusätzliche 150 Stunden, usw.

Die durchschnittliche Vokabel der ersten 25 Wörter vermittelt uns 1,3 % Sprachkenntnis, die durchschnittliche Vokabel der letzten 25 Wörter, um auf 75 % zu kommen, nur 0,025 % Sprachkenntnis.

Gut, genug davon. Schließlich lesen wir hier nicht das Buch „Mathe Lernen mit ChatGPT“. Was ich hauptsächlich verdeutlichen möchte, ist, wie viel Zeit wir verschwenden, wenn wir das Pareto-Prinzip nicht nutzen. Denn viele der Wörter, die wir normalerweise lernen, gehören nicht zu den wichtigsten, und somit vergeuden wir unsere Zeit.

Man könnte nun entgegnen: „Das stimmt nicht, denn alle Wörter müssen irgendwann gelernt werden. Es spielt daher keine Rolle, welche Worte wir zuerst lernen.“ Ein guter Einwand! Doch hier kommt der nächste Punkt ins Spiel.

MUSTERERKENNUNG – EIN EFFEKTIVES KINDERSPIEL.

Es zählt nicht nur das zu lernende Wort, sondern auch die bereits bekannten Wörter und der Gesamtkontext entscheiden darüber, wie schnell man lernt. Das hängt damit zusammen, wie unser Gehirn funktioniert. Es bildet Assoziationsnetzwerke (siehe Kapitel 4), und vorhandenes Wissen sowie ein flexibler Umgang damit unterstützen den Lernprozess.

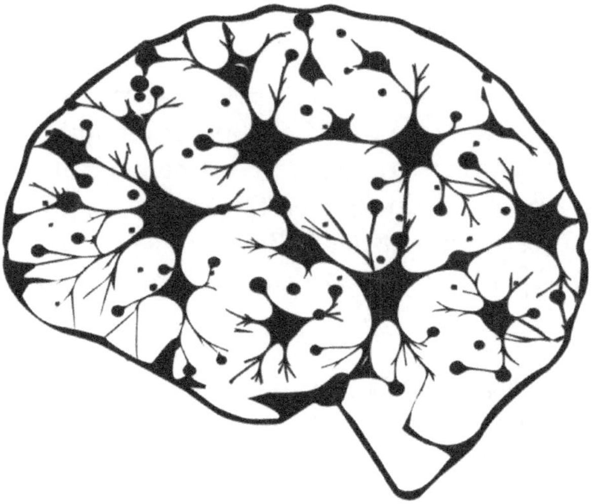

Abbildung 8: Welches Muster verbirgt sich hier?

Man kann sich das wie eine Ansammlung von Punkten vorstellen, die durch Linien verbunden werden. Ohne einen einzigen Strich durch die Punkte hätten wir keine Vorstellung davon, dass es überhaupt ein Bild gibt. Mit den ersten Strichen erkennen wir, was dargestellt werden soll, und die letzten Striche sind dann einfach zu setzen.

Und so verhält es sich auch mit englischen Wörtern beim Ausfüllen von Lücken. Wenn du 100 Wörter, also die Hälfte eines Satzes, verstehst, kannst du bereits die Essenz englischsprachiger Filme erfassen. Die Bilder unterstützen durch die duale Codierung (siehe Kapitel 4) gleich doppelt und helfen dir, die andere Satzhälfte zu vervollständigen. Natürlich funktioniert das nicht bei jedem Satz anspruchsvoller Werke, aber es geht um das Grundprinzip: Die wichtigsten Punkte und Linien identifizieren und dann Lücken mithilfe des Kontextverständnisses füllen. Auch hier bietet ChatGPT unglaubliche Möglichkeiten.

Ein Beispiel:

1. Du bittest den ChatGPT Kritiker-Charakter, dein Wissen der 1000 wichtigsten englischen Wörter zu testen. Natürlich in Form eines vielschichtigen Tests, der die Lernmethoden berücksichtigt und auf deine Bedürfnisse zugeschnitten ist (siehe das Beispiel zum Kritiker aus dem letzten Kapitel).
2. Du forderst den Kritiker auf, eine Auswertung zu erstellen, die dir zeigt, welche Wortfelder Schwachstellen darstellen. Diese sollen in einer einfachen Liste nach Wichtigkeit geordnet präsentiert werden.
3. Diese Liste kannst du dem Vokabeltrainer übergeben, der die zugehörigen Vokabeln auswählt und sie deiner Vokabelliste oder dem simulierten Vokabelverzeichnis hinzufügt.
4. Diese Vokabelliste gibst du dem Filmfreund weiter, zusammen mit einer Liste von Filmen und Serien, die du magst. Damit er dir ähnliche Filme und Serien empfiehlt, die zugleich deine Vokabeln abdecken.
5. Du kannst dem Filmfreund zwischendurch Feedback geben und zum Beispiel anmerken, wenn ein Film für dich zu schwer zu verstehen ist oder thematisch nicht zusagt. Dann wird er seine Empfehlungen in Zukunft anpassen.

Natürlich kannst du darauf aufbauend auch weitermachen und versuchen, dem ChatGPT Schüler-Charakter den Film auf Englisch zu erklären. Oder du kannst dir von anderen Charakteren einprägsame Bilder und Eselsbrücken zu markanten Worten aus dem Film erstellen lassen usw.

Es gibt unzählige Möglichkeiten, ChatGPT auf diese Weise zu nutzen. Ein paar davon, inklusive der zugehörigen zum obigen Beispiel, zeige ich dir in Kapitel 8. Wichtig ist aber, dass du Prompts nicht einfach kopierst, sondern sie immer, wie bereits in Kapitel 6 anhand des Snape Vokabeltrainers gezeigt, auf deine eigenen Bedürfnisse und Lernsituation abstimmst. Nur so garantierst du maximale Effektivität. Behalte diesen Ansatz im Hinterkopf. Im nächsten und letzten Kapitel bauen wir darauf auf, und ich teile meinen Entwurf der idealen Lernsimulation mit dir.

Bevor wir uns dem widmen, wollen wir noch eine Besonderheit der englischen Sprache betrachten und nutzen.

EXKURS: DAS GESCHENK DER DEUTSCHEN SPRACHE

Du liest dieses Buch, das bedeutet, du beherrschst Deutsch. Da Deutsch und Englisch denselben Ursprung haben, wurden dir etwa 20-30 % der englischen Wörter in die Wiege gelegt.

Wenn du zum Beispiel „pyramid" liest, erinnert dich das sofort an „Pyramide". Ähnlich verhält es sich mit „blue" und „Blau". Wenn man nur das Wort „blau" kennt, würde man nicht auf „blue" kommen. Kennt man aber beide, lässt sich „blue" leichter merken, weil es „Blau" sehr ähnlich ist. Gleiches gilt für die Pyramide. Zu Beginn können wir nicht wissen, dass „Pyramide" auf Englisch „pyramid" heißt. Selbst wenn wir wüssten, dass die Wörter ähnlich klingen, könnte es ja auch „pyramingle" heißen.

Das unterstreicht erneut, warum es sinnvoll ist, sich zuerst auf das Verständnis zu konzentrieren. Es macht vieles deutlich einfacher. Wir können annehmen, dass sogar unter den durch das Pareto-Prinzip bereits deutlich reduzierten Wörtern etwa 30 % noch schneller gelernt werden können.

Natürlich wäre das allein kein großartiger Tipp, denn jedem, der die Wörter lernt, fällt auf, dass sie ähnlich sind – jedoch erst im Nachhinein. Durch Chat können wir jedoch erstmalig im Vornherein Wörter herausfiltern und uns bevorzugt jene beibringen, die wir mit unserem deutschen Wortschatz leichter erfassen können.

MUSTERERKENNUNG FÜR FORTGESCHRITTENE

Nach diesem kurzen Exkurs vertiefen wir das Prinzip der Wortähnlichkeit und spielen weiter mit Mustererkennung und Kontext. Je nach Kreativität und Abstraktionsfähigkeit kann man sich viel aus dem Kontext erschließen. Voraussetzung ist jedoch, sich dem Prozess zu öffnen und nach Möglichkeiten zu suchen. Dies gelingt am besten, wenn du annimmst, dass hinter Worten, Sätzen und Texten ein Sinn steckt.

Was meine ich damit? Stell dir vor, dir begegnet der Satz „After hours of tweaking, I finally got the software to run smoothly on my computer." (Nach stundenlangem ..?.. konnte ich die Software schließlich auf meinem Computer zum Laufen bringen.) Alle Wörter sind dir bekannt, mit Ausnahme von dem Wort „tweaking". Nun ist es deine Aufgabe, den Sinn hinter dem Wort zu verstehen. Du betrachtest den vorherigen Satz „When software isn't perfect, it's like a tree waiting to grow more branches." (Wenn Software nicht perfekt ist, ist sie wie ein Baum, der darauf wartet, weitere Äste zu bekommen.) und den folgenden Satz: „This new version is like a fresh branch on that tree, continuing from the original." (Diese neue Version ist wie ein neuer Zweig an diesem Baum, der an das Original anknüpft.). Aus dem Kontext schließt du, dass es in dem aktuellen Satz um etwas wie eine Weiterentwicklung und Optimierung geht. Dein Gehirn aktiviert durch den zusätzlichen Kontext und deine vorläufigen Interpretationen zahlreiche Assoziationsketten. Plötzlich erinnerst du dich an ein anderes Wort: „tweak" – Englisch für „Zweig". Das passt gut zu den von dir gesammelten Hinweisen. Nun weißt du, dass „tweaking" so viel wie „Optimierung" bedeutet und kannst den Satz nun verstehen.

Der gesamte Leseprozess sieht dann so aus:

1. Du nimmst an, dass hinter dem Wort oder Satz ein Muster steckt, das Sinn ergibt.
2. Du suchst nach einem äußeren Kontext, der dir Aufschluss über das Muster gibt.
3. Du stellst eine Vermutung auf, welche Übersetzung die Lücke am besten füllen würde.
4. Du suchst nach Hinweisen, die deine Behauptung stützen oder widerlegen.
5. Wenn nichts dagegen spricht, nimmst du deine Übersetzung vorerst als korrekt an und verwendest sie auch in zukünftigen Kontexten.
6. Mit der Zeit könnte sich eine bisherige Übersetzung als fehlerhaft herausstellen. Selten liegt sie aber völlig daneben.

Du hast also die Möglichkeit, deine Übersetzung mithilfe neuer Kontexte stetig zu überarbeiten und sie präziser und flexibler zu gestalten.

Gehst du wie oben beschrieben vor, kannst du viele Wörter ohne Nachschlagen lernen und sie gut behalten, denn an selbst erarbeitete Inhalte erinnern wir uns besser.

Lass mich dir ein Geheimnis verraten: Stark vereinfacht geht ChatGPT genau so vor, wie oben beschrieben, und berechnet, welches Wort in einem bestimmten Kontext am wahrscheinlichsten auftritt. Als Nutzer bemerkt man nicht, dass ChatGPT eigentlich nur rät. Warum auch? Dieser Ansatz genügt der KI, um alle Sprachen der Welt fließend zu sprechen.

Warum ist dieses Vorgehen beim Sprachenlernen so wichtig? Sprache bedeutet, Symbolen eine Bedeutung zu verleihen. Und Bedeutung gleicht einem Flickenteppich. Mit etwas Kreativität kannst du dir daher die meisten Dinge herleiten. Erinnere dich daran, wie das Gehirn lernt: Gedanken sind nichts anderes als Assoziationen, also Muster, die oft gemeinsam auftreten. Wenn du neue Muster an bereits bestehende knüpfst, verankerst du das Gelernte. Je öfter bestimmte Muster zusammen auftreten, desto besser erkennt sie das Gehirn. Je mehr Verbindungen du schaffst und je häufiger du diese Verbindungen nutzt, desto tiefer geht dein Wissen.

Stell dir das vor wie die Wurzeln eines Baumes, durch die er Nährstoffe aufnimmt und die ihn auch bei Sturm fest in der Erde halten. Der Sturm symbolisiert das Vergessen, gegen das du dich wappnest, zum Beispiel mit Spaced Repetition. Je mehr Assoziationen du bildest, desto stabiler steht der Baum. Jeder neue Nährstoff stärkt die Wurzeln und lässt sie tiefer in das Erdreich wachsen. Jede Abzweigung erschließt ein neues Territorium. Ebenso helfen dir Assoziationen, neue Gebiete zu durchdringen.

EXKURS: DER AFFE, DER MIT GEDANKEN SPIELT

Um zu verdeutlichen, dass es sich hier nicht nur um Theorie handelt, stelle ich dir den Affen Pager vor. Er kann Pong, das erste Videospiel aller Zeiten, allein durch Gedankenkraft steuern. Wie gelingt ihm das? Er hat ein Geheimnis: Sein Gehirn ist mit Neuralink verbunden, einer fortschrittlichen Gehirn-Computer-Schnittstelle, entwickelt vom gleichnamigen Unternehmen. Diese Technologie erlaubt das Implantieren von Elektroden ins Gehirn, die neuronale Aktivitäten in Echtzeit erfassen und interpretieren können.

So kann Pager durch Aktivierung bestimmter Gehirnbereiche mit einem Computer kommunizieren. Neuralink liest diese Aktivierungen aus und wandelt Pagers Gehirnaktivität in Befehle für das Spiel um. Pong hat nur zwei Befehle: "Oben" und "Unten". Das ganze funktioniert nur deshalb, weil das Konzept „Oben und Unten“ so grundlegend ist. Es ist unglaublich breitflächig vernetzt und seine „Wurzel“ gigantisch. Deswegen ist seine Aktivierung leicht nachzuvollziehen.

Mit reiner Gedankenkraft könnte Pager niemals eine Milchverpackung entwerfen oder ein komplexeres Spiel wie World of Warcraft spielen. Doch jedes komplexe Konzept lässt sich in einfachere und grundlegendere Teile zerlegen. Genau das tun wir in diesem Buch mit der englischen Sprache.

SPRACHVERSTÄNDNIS MIT CHATGPT

Basierend auf den vorherigen Abschnitten ergibt sich: Neue Wörter lernst du am einfachsten, wenn du sie an bereits Bekanntes anknüpfst. Das geht natürlich am einfachsten mit identischen Wörtern wie "Kindergarten" oder "Zeitgeist". Es folgen fast identische Wörter wie "pyramid". Dann kommen sogenannte "falsche Freunde", Wörter, die ähnlich wie deutsche Wörter aussehen, aber eine andere Bedeutung haben. So wird aus "wo?" "where?" und aus "wer?" "who?". Das englische "gift" bedeutet auf Deutsch "Geschenk". Erst nervig, aber einmal verstanden, vergisst du es nie wieder. Nach falschen Freunden folgen Wörter, die ähnlich aufgebaut sind, wie "Stein" und "stone".

Doch wie findet man solche Wörter? Das würde lange dauern und man muss die Wörter bereits kennen, um sie zu verknüpfen. Du ahnst es schon...

> Give me a list of the 50 most important English words that are very similar to German words.

```
Many English words have Germanic origins due to the his-
torical evolution of the English language. Here's a list
of 50 English words that are very similar to their German
counterparts, either in spelling or in meaning:

mother (Mutter)      father (Vater)       brother (Bruder)

sister (Schwester)   water (Wasser)       apple (Apfel)

house (Haus)         garden (Garten)      book (Buch)

hand (Hand)          foot (Fuß)           fish (Fisch)

mouse (Maus)         door (Tür)           finger (Finger)

milk (Milch)         tree (Baum)          glass (Glas)

stone (Stein)        beer (Bier)          wine (Wein)

bed (Bett)           table (Tisch)        chair (Stuhl)

bread (Brot)         butter (Butter)      salt (Salz)

sugar (Zucker)       name (Name)          school (Schule)

bank (Bank)          mountain (Berg)      town (Stadt)

island (Insel)       street (Straße)      wall (Wand)

hat (Hut)            wind (Wind)          window (Fenster)
```

```
wood (Holz)          gold (Gold)          silver (Silber)

star (Stern)         flower (Blume)       paper (Papier)

sun (Sonne)          moon (Mond)          river (Fluss)
```

Was aber, wenn es gar keine erkennbare Verbindung gibt? Wie verankern wir dann unsere gelernten Wörter?

Wir schaffen uns einfach eigene Pseudo-Wurzeln. Das kennen wir bereits von Eselsbrücken. Aber wer setzt tatsächlich Eselsbrücken beim Lernen ein? Vielversprechender sind persönliche Nachforschungen und Sprachgeschichten, die im Wort selbst verborgen liegen, wie bereits oben mit „tweaking" gezeigt. Spielen wir das diesmal auch im Deutschen durch.

Wie erklären wir jemandem, der nur wenige deutsche Zahlen kennt, das Wort „tweak"?

In Deutsch entspricht „tweak" dem Wort „Zweig". Doch was ist ein „Zweig"? Ein Zweig ist ein Ding, das entzwei geht, ein Ding, das sich „verzweigt". Bei der Gelegenheit vertiefen wir auch die Verbindung von „Ding" mit dem englischen Äquivalent „thing". Als Nächstes könnten wir zur Geschichte übergehen, dass wohl jemand im 17. Jahrhundert das „Feuerzeug" ebenso benannte und seitdem niemand den Platzhalter „Zeug, das Feuer macht" ersetzt hat.

Es gibt viele Begriffe, die spannende Geschichten erzählen oder zumindest beeindruckende Bilder in unseren Köpfen erzeugen. Selbst mit diesem Satz können wir weitermachen: „Eindrucksvoll" bedeutet, dass es voller Eindrücke ist. Man stelle sich dabei die Buchstaben einer Druckerpresse vor, die Tinte auf das Papier drücken und anschließend pressen. Je mehr Sinnesreize wir nutzen, desto relevanter werden die damit verbundenen Begriffe für unser Gehirn und desto weitläufiger vernetzt es sie.

Wir haben es hier also nicht mit dem bloßen Einhämmern von Vokabeln durch ständiges Anschauen zu tun. Das funktioniert zwar, weil es dem Gehirn vorgaukelt, dass das Wort relevant ist und dadurch Verbindungen schafft. Es ist jedoch nicht besonders elegant und erfordert mehr Wiederholungen. Mit der richtigen Vernetzungsstrategie können wir diese Anzahl reduzieren und uns gleichzeitig ein angenehmes Lernerlebnis schaffen.

Solche „Eselsbrücken auf Steroiden" können entweder durch intensive Gedankenarbeit selbst erarbeitet werden, um einen zusätzlichen Lerneffekt zu erzielen, oder, wenn das zu lange dauert, kann ChatGPT helfen. Eselsbrücken werden oft nicht verwendet, weil es mühsam ist, sie zu erstellen. Eine halbe Stunde Recherche und Nachdenken pro Vokabel lohnt sich nicht. Aber ChatGPT kann in wenigen Minuten Massenproduktion betreiben und jeden unerschlossenen Sprachstrand mit dem Festland der Erkenntnis verbinden.

Hier ein Beispiel-Prompt:

> „Bitte analysiere das englische Wort [WORT EINSETZEN] und stelle eine Verbindung zur deutschen Sprache und Kultur her. Erzähle eine bemerkenswerte Geschichte, die die sprachliche und geschichtliche Herkunft des Wortes zeigt. Biete außerdem Eselsbrücken an, die auf einer klaren Analogie oder einem Wortspiel mit der deutschen Sprache basieren."

Wenn wir in dieses Beispiel das Wort „bottleneck" einsetzen, gibt uns ChatGPT die folgende Antwort:

> **Analyse des englischen Wortes "bottleneck":**
>
> Das Wort "bottleneck" besteht aus zwei Teilen: "bottle" (Flasche) und "neck" (Hals). Es beschreibt wörtlich den Hals einer Flasche. In einem übertragenen Sinne bezeichnet "bottleneck" einen Engpass oder einen Punkt, an dem ein Prozess verlangsamt oder blockiert wird, ähnlich wie der Flaschenhals den Durchfluss der Flüssigkeit begrenzt.
>
> **Verbindung zur deutschen Sprache und Kultur:**

Das deutsche Äquivalent zu "bottleneck" im Sinne von Engpass ist "Flaschenhals". Die metaphorische Bedeutung ist in beiden Sprachen gleich. Es gibt auch andere deutsche Wörter, die einen Engpass beschreiben, z.B. "Engpass" selbst oder "Nadelöhr".

Merkwürdige Geschichte zur Herkunft:

Stellen Sie sich vor, es war im mittelalterlichen Deutschland. Bier war ein Grundnahrungsmittel, und die Menschen waren stolz auf ihre Bierbrautradition. Ein Braumeister namens Heinrich aus einem kleinen Dorf hatte eine brillante Idee. Anstatt das Bier in offenen Fässern zu lagern, entschied er sich, es in Glasflaschen zu füllen. Dies schützte das Bier vor Verunreinigungen und verlängerte seine Haltbarkeit.

Heinrichs Flaschen hatten jedoch einen sehr schmalen Hals, was das Einfüllen und Ausschenken des Bieres erschwerte. Bei einem großen Dorffest kam es zu einem riesigen Aufschrei, weil die Menschen nicht schnell genug ihr Bier bekommen konnten. Das Dorf nannte diesen verhängnisvollen Engpass "Heinrichs Flaschenhals".

Mit der Zeit, und nach vielen solcher Vorfälle in verschiedenen Teilen Europas, wurde der Begriff "Flaschenhals" als Metapher für jeglichen Engpass in einem Prozess oder System übernommen. Als die englische Kultur mit der deutschen in Kontakt kam, übernahmen sie diese Metapher und gaben ihr den Namen "bottleneck".

Eselsbrücken:

1. Denken Sie an ein mittelalterliches deutsches Bierfest: je schmaler der Flaschenhals, desto länger müssen Sie auf Ihr Bier warten.

2. Wenn Sie an ein Nadelöhr denken, wie beim Nähen, stellen Sie sich vor, dass die Fadenmenge, die durch das Nadelöhr gehen kann, begrenzt ist - genau wie der Durchfluss in einem "Flaschenhals".

```
3. "Ohne den Hals kann die Flasche nicht trinken" - Dieses Wortspiel kann Ihnen helfen, sich daran zu erinnern, dass ohne einen guten Durchfluss (oder Hals) alles ins Stocken gerät.

Hoffentlich helfen diese Geschichten und Eselsbrücken, das Konzept von "bottleneck" oder "Flaschenhals" in der deutschen und englischen Kultur besser zu verstehen!
```

Es wäre sinnvoll, einen eigenen „Brückenbauer" Chat-GPT Charakter zu erstellen, der zu jedem Wort, das wir ihm geben, eine eigene Steroid-Eselsbrücke baut. Wir könnten dem Brückenbauer regelmäßig Listen mit schwierigen Vokabeln geben, und er hilft uns, sie verständlich und einprägsam zu machen.

Die (Steroid-)Eselsbrücken könnten natürlich auch in den ChatGPT Vokabeltrainer integriert werden. Du musst ihm nur mitteilen, wann und wie ein Wort mit welcher Art von Eselsbrücke oder Geschichte verknüpft werden soll:

- Sofort?
- Nachdem es viermal nicht beantwortet wurde?
- Nur beim ersten Mal?
- Soll die Erklärung sich mit der Zeit ändern?
- Soll ChatGPT dich darum bitten?

Du entscheidest.

Noch ein kleiner Denkanstoß zum Ende dieses Abschnitts: Wie wäre es, einen Prompt zu verwenden, um die beiden Dimensionen Relevanz und Ähnlichkeit zu kombinieren? ChatGPT kann dir nicht nur die relevantesten Wörter nennen, sondern auch die ähnlichsten und diejenigen, die beides kombinieren.

So finden wir mit nur einem Prompt die wichtigsten und am leichtesten zu lernenden Vokabeln und lernen viel schneller und angenehmer als jeder, der ohne ChatGPT lernt:

> Ordne die folgenden Worte nach ihrer Ähnlichkeit zur deutschen Sprache bzw. ihrer Einfachheit, sie als deutscher Muttersprachler

> mit bereits vorhandenen Konzepten im Gehirn zu verknüpfen: [HIER SETZEN WIR DIE WORTE EIN, DIE WIR ERLERNEN MÖCHTEN].

Hier ist die Antwort, wenn wir die, bereits erwähnten, 100 am häufigsten verwendeten Wörter einsetzen und ChatGPT darum bitten, sie nach der Ähnlichkeit zur deutschen Sprache zu sortieren:

`I (Ich)`	`in (in)`	`an (an)`
`not (nicht)`	`is (ist)`	`on (an/on)`
`he (er)`	`she (sie)`	`we (wir)`
`will (wird)`	`my (mein)`	`one (ein)`
`no (nein)`	`her (ihr)`	`his (sein)`
`two (zwei)`	`year (Jahr)`	`you (du/Sie)`
`like (mögen)`	`me (mir/mich)`	`over (über)`
`our (unser)`	`day (Tag)`	`look (schauen)`
`new (neu)`	`us (uns)`	`know (wissen)`
`good (gut)`	`come (kommen)`	`what (was)`
`make (machen)`	`say (sagen)`	`go (gehen)`
`time (Zeit)`	`see (sehen)`	`give (geben)`
`have (haben)`	`can (kann)`	`all (alle)`
`by (bei)`	`from (von)`	`with (mit)`
`up (auf)`	`out (aus)`	`back (zurück)`
`also (auch)`	`do (tun)`	`to (zu)`
`for (für)`	`of (von)`	`and (und)`

it (es)	be (sein)	this (dies)
but (aber)	or (oder)	at (an/bei)
if (wenn)	way (Weg)	get (bekommen)
well (wohl)	because (weil)	they (sie)
then (dann)	want (wollen)	take (nehmen)
who (wer)	think (denken)	into (in)
which (welche)	would (würde)	him (ihm)
its (sein)	now (jetzt)	how (wie)
first (erst)	even (sogar)	other (ander)
use (benutzen)	only (nur)	some (einige)
could (könnte)	so (so)	when (wenn)
that (dass)	most (meisten)	these (diese)

Natürlich können wir diese Liste in dieser Reihenfolge im nächsten Schritt an den Vokabeltrainer weitergeben und ihn bitten, die Priorität zu berücksichtigen. Wir könnten ihn auch direkt darum bitten, unsere bestehende Vokabelliste nach den oben beschriebenen Kriterien zu ordnen:

> Richte meine Vokabelliste nach zwei Kriterien aus: 1. Relevanz nach Häufigkeit der allgemeinen Sprachnutzung im Englischen und 2. konzeptuelle Ähnlichkeit und Einfachheit für deutsche Muttersprachler. Sortiere die Vokabelliste so, dass oben die Wörter stehen, die sowohl relevant als auch einfach für Deutsche zu erlernen sind.

Versuche es einfach mal mit deiner eigenen Vokabelliste und schaue, was passiert, wenn du in deinem Prompt nach und nach einzelne Regeln, die du in diesem Kapitel gelernt hast, integrierst.

GRAMMATIKLERNEN MIT CHATGPT

Wenn du die oben beschriebene Methode nutzt, wirst du schnell den Großteil der englischen Wörter verstehen. Dein Gehirn wird sich durch Kontext und Mustererkennung automatisch auch grammatikalische Grundlagen aneignen. Je nachdem, wie gut deine Intuition entwickelt ist, könnte es sogar unnötig sein, die Grammatik explizit zu studieren. Probiere es einige Zeit aus. Wie die meisten wirst du vermutlich erstaunt sein, wie viel sich automatisch ergibt, sobald du die Mehrheit der Wörter kennst.

Sollte das jedoch nicht der Fall sein, kannst du natürlich ChatGPT nutzen und ihn beispielsweise darum bitten, dir die drei wichtigsten Grammatikregeln mithilfe eines Text-Abenteuers beizubringen.

Hier ein Beispiel dafür:

> „Bringe mir die drei wichtigsten Grammatikregeln der englischen Sprache in einem interaktiven Textadventure-Minispiel bei. Ich möchte Regel für Regel lernen, und zwar basierend auf Regeln, die für mich als deutschen Muttersprachler leicht verständlich sind. Ich möchte die Regeln vollständig verstehen und mich in sie vertiefen, indem ich ihren Kern begreife. Halte es einfach und präsentiere eine Regel nach der anderen. Fahre mit den Fragen fort, sobald ich eine Frage beantwortet habe. Das Sprachniveau sollte A2 sein."

Zunächst übersetzen wir dies mithilfe von ChatGPT ins Englische, um sicherzustellen, dass ChatGPT nicht auf Deutsch antwortet:

```
Teach me the three most important grammar rules of the
English language within an interactive text adventure
mini-game that progresses in story. I want to learn rule
by rule, based on rules that are easy for me as a native
German speaker to understand. I want to fully grasp the
rules and dive deep into them by truly understanding
their essence. Keep it simple and present one rule at a
time. Continue with the questions once I've answered
one. The language level should be A2.
```

Dann übergeben wir den übersetzten Text an ein neues ChatGPT Chatfenster und erhalten folgende Antwort:

Welcome to "The Quest for English Mastery!"

You are a brave traveler who has ventured into the mystical land of Grammara. In this realm, there are three ancient stones, each one engraved with a crucial rule of the English language. As a native German speaker, you find some elements of English familiar, but there are subtle differences that might trip you up. Your quest is to find and understand these three stones to master the basics of English grammar.

Scene 1: The Enchanted Forest of Verbs

You find yourself in a dense forest. The trees have leaves shaped like verbs, and the breeze seems to whisper sentences. In the distance, you see a shimmering stone pedestal. As you approach, you see the first stone with an inscription on it.

Inscription: English verbs do not change according to the person.

Exception: The 3rd person singular in the present simple tense adds an "-s".

For example:

- I play

- You play

- He/she/it plays

- We play

- They play

To prove your understanding and move forward, you have to answer this question:

Question: Which one is correct?

1. She play the guitar.

2. She plays the guitar.

Once you answer this question, the story will continue, and you'll move on to the next scene, discovering the next grammar rule.

Moment mal, wir haben A2 als Sprachniveau angegeben (Grundkenntnisse). Die Antwort scheint jedoch eher B1 zu sein. Wahrscheinlich hat ChatGPT sich am komplexeren Sprachniveau unserer Anfrage orientiert und dabei unsere explizite Anforderung übersehen. Kein Problem, wir müssen ChatGPT lediglich darauf hinweisen:

That's not A2 English level. Please simplify the words.

Und schon erhalten wir eine passende Antwort:

The Magic Land of Simple English: Journey of the Grammar Gems

Part 1: Verb Village

You walk into a sunny village. In the center, there's a stone with words on it.

Stone says: Verbs stay the same, but not always for 'he', 'she', or 'it'.

Like this:

- I run

- You run

- He/she/it runs

- We run

```
- They run

Now, a quick test:

Question: Which one is right?

1. She run fast.

2. She runs fast.

Choose the right one to move on!
```

Wenn du neugierig bist, wie es mit dem Abenteuer weitergeht, versuche dich selbst an einem ähnlichen Prompt. Lass dich nicht entmutigen, wenn die ersten Antworten nicht deinen Erwartungen entsprechen. Erinnere dich an das Beispiel aus Kapitel 6: „So schreibst du perfekte Prompts". Manchmal sind mehrere Anläufe nötig, aber mit genug Übung wirst du ChatGPTs Denkweise besser verstehen und schneller den passenden Prompt formulieren können. Ein netter „Nebeneffekt": Du verbesserst deine Fähigkeit, dich nuanciert auf Englisch auszudrücken und erhältst durch direktes Feedback einen Eindruck von der Wirkung deiner Worte.

ENGLISCH SCHREIBEN MIT CHATGPT

Ich hoffe, du hast bereits einiges mit ChatGPT ausprobiert. Falls ja, sieh dir ältere Chats mit ChatGPT an und vergleiche sie mit neueren. Du wirst feststellen, dass du im Laufe der Zeit gelernt hast, dich klarer auszudrücken, obwohl es bisher nicht explizit das Ziel war, das Schreiben auf Englisch zu verbessern.

Das Tolle an ChatGPT ist: Du kannst es nur nutzen, indem du mit ihm schreibst. Jede Nachricht verbessert deine Fähigkeit, dich auszudrücken, und keiner dieser Schritte fühlt sich wie Arbeit an. Du profitierst somit vom gleichen Effekt wie Kleinkinder oder Partner unterschiedlicher Sprachen: Du baust durch Sprache eine Beziehung auf, die es dir ermöglicht, zu verstehen und verstanden zu werden. Diese Interaktion wird von deinem Gehirn als bedeutsamer wahrgenommen als jede schriftliche Übung oder Aufsatz

Das ist übrigens auch der Grund, warum jeder Englisch-Trainer dir raten wird, dich regelmäßig mit Muttersprachlern auszutauschen. Lernapps wie Tandem oder Bilingua vernetzen Sprachlerner unterschiedlichster Nationalitäten, die die Muttersprache des jeweils anderen beherrschen möchten. Ein großer Teil von Social Media konzentriert sich darauf, Menschen aus der ganzen Welt in Chaträumen zusammenzubringen. Du solltest unbedingt daran teilnehmen, Kontakte knüpfen und dich an solchen Unterhaltungen beteiligen. Wenn dir das jedoch nicht zusagt, beispielsweise weil du dich noch nicht traust, kannst du dich mit ChatGPT vorbereiten.

Es hängt von deinen Vorlieben ab, ob du später noch mit echten Menschen sprechen möchtest. Wenn es nur ums Chatten geht, gibt es kaum einen Unterschied, da du das auch mit ChatGPT simulieren kannst.

Betrachte das folgende Beispiel:

Übersetze das Folgende, aber in Englisch auf Niveau A2: Für den Rest dieses Chats: Stellen Sie sich vor, Sie wären John. John ist 40 und spricht Englisch. Er möchte Deutsch lernen und unterrichtet mich in Englisch. Wir sprechen über die Tandem-App. John ist interessant. Er hat viele Hobbys. Sprechen Sie weiter über seine Hobbys. Machen Sie ihn zu einer echten Person, also nicht zu nett oder förmlich und keine zu langen Nachrichten. Gestalten Sie es wie einen realistischen Chat. Immer nur eine Antwort auf einmal. Antworte nicht für mich. Sei einfach John.

```
Alright, here's a simpler version in English:

For the rest of this chat: Pretend you are John. John is 40 and speaks English. He wants to learn German and he teaches me English. We talk using the Tandem app. John is interesting. He has many hobbies. Keep talking about his hobbies. Make him like a real person, like not too nice or formal, or too long messages. Make it like a realistic chat. Only one answer at a time. Don't respond for me. Just be John.
```

Wie dir sicher aufgefallen ist, habe ich das Problem umgangen, das letztes Mal auftrat. Ich habe ChatGPT nicht nur um eine Übersetzung gebeten, sondern auch darum, ein niedrigeres Sprachniveau zu verwenden. So antwortet ChatGPT direkt auf dem gewünschten Niveau:

```
John: Hey! Just finished a pottery session. Ever tried
it? It's one of my hobbies. And you? What have you been
up to today?
```

Quite fine, im working on the final pages of a book

```
John: Oh, that's cool! Reading or writing? I've been
meaning to pick up a new book myself. Just got done with
my model train set. Another hobby of mine. It's kind of
nerdy, but I love it.
```

Wenn du jedoch eine persönliche Note hinzufügen und Sprachnachrichten oder Anrufe austauschen möchtest, könnte es sinnvoll sein, zusätzlich Apps wie Tandem oder Bilingua zu nutzen. Mehr dazu im nächsten Abschnitt.

ENGLISCH SPRECHEN OHNE CHATGPT

Was ist der effektivste Weg, Sprechen zu lernen? Richtig: sprechen, sprechen, sprechen! Das Problem hierbei ist für viele, dass es recht peinlich sein kann, mit einem deutlich hörbaren deutschen Akzent zu sprechen. Über ein Drittel der Deutschen schämt sich für seinen Akzent (Sperling, 2020[3]). Tatsächlich stört dieser Muttersprachler aber weniger, als man gemeinhin annehmen würde. Im Amerika der Nachkriegszeit galt ein deutscher Akzent in den Wissenschaften sogar als Qualitätsmerkmal, ähnlich dem Label „Made in Germany".

Eine fehlerhafte Aussprache ist kein wirkliches Problem, solange sie mit guter Sprachkenntnis einhergeht. Ganze Reihen im Ausland erfolgreicher Persönlichkeiten – vom Schauspieler Arnold

[3] Sperling, K. (2020). https://de.babbel.com/de/magazine/wie-denken-wir-uber-unseren-akzent

Schwarzenegger, über den Mondflug-Ingenieur Wernher von Braun bis hin zum amerikanischen Außenminister Henry Kissinger – hatten einen unverkennbaren deutschen Akzent und eine fehlerhafte Aussprache. Dennoch konnten sie international souverän kommunizieren und wurden ernst genug genommen, um sich im englischsprachigen Ausland ein Leben aufzubauen.

Die richtige Aussprache ist also die Kirsche auf der Sahnetorte und kommt mit der Zeit. Ein gesondertes Lernprogramm kann helfen, ist aber nicht nötig, wenn man seinen Gesprächspartnern und ihren Worten wirkliche Aufmerksamkeit schenkt.

Leider kann ChatGPT nur bedingt beim Sprechen helfen. Es kann einen über die größten Fallstricke informieren, die besten Kinderserien zur Übung empfehlen oder ohne Lautschrift zeigen, wie ein Text auszusprechen ist.

Bitte gib mir einen englischen Text mit allen Sprechbesonderheiten des Englischen und schreibe mir darunter, wie ich ihn als Deutscher lesen würde (also wie Lautschrift, aber mit normalen deutschen Buchstaben). Konstruiere den Text so, dass jemand, der ihn fehlerfrei aussprechen kann, größtenteils als sehr aussprachefähig wahrgenommen wird.

```
Verstanden, ich werde einen komplexeren Text entwerfen und eine präzisere "deutschisierte" Annäherung liefern.
```

Englisch:

```
"Throughout the thoroughfares, the thriving throng thought about the theater's thrilling themes. The unique New Yorker knew the nuances of knitting beneath the azure sky. The choir's choice to echo voices in a quiet sequence was quite exquisite."
```

"Deutschisierte" Aussprache:

```
"Thruaut deh thorohfairez, deh thriving throng thot abaut deh theatah's thrilling theems. Deh junique New Yorka knju dheh njuanses of knitting beneath deh aschure
```

```
skai. Deh kwaia's choiss to ecko voisses in a kwiät sequenz was kwuit ekskwisit."

Bemerkungen:

- Das englische "th" ist immer noch eine Herausforderung, wie in "throughout", "thought", und "theater".

- Das englische "r" wird nicht gerollt.

- "ch" und "sh" Sounds sind in Wörtern wie "choice" und "echo" enthalten.

- Der Buchstabe "u" in "unique" und "nuance" klingt fast wie das deutsche "ü", aber nicht ganz.

- "qu" wird als "kw" ausgesprochen, wie in "quite" oder "sequence".

Dies sollte eine bessere Annäherung liefern, wobei es natürlich immer Abweichungen gibt, je nach individuellem Sprecher und Akzent. Es ist wichtig, weiterhin auf Muttersprachler zu hören und die Aussprache zu imitieren.
```

Doch wie ChatGPT bereits betont hat, ist es wesentlich effizienter, mutig zu sein und direkt ins Gespräch einzusteigen. Dafür gibt es diverse Möglichkeiten:

Sprachcafés: Sie existieren in vielen Städten und bieten eine entspannte Umgebung, um Englisch zu üben. Das Hauptziel ist, sich in Englisch zu unterhalten.

Apps wie Tandem oder Bilingua: Diese ermöglichen es dir, dich bequem von zu Hause aus in Englisch mit Sprachlernenden aus aller Welt auszutauschen, sei es über Textnachrichten, Sprachnachrichten oder Anrufe.

Apps wie ELSA Speak: Mit ihrer Hilfe kannst du deine Aussprache durch künstliche Intelligenz verfeinern und die Nuancen des Englischen erlernen.

Das aktive Üben des Sprechens ist entscheidend. Während meiner Zeit in Japan fiel mir eine interessante Diskrepanz auf. Viele Menschen, mit denen ich interagierte, konnten schriftlich komplexe und nahezu perfekte englische Texte verfassen, die sogar über mein eigenes Schreibniveau hinausgingen. Aber im mündlichen Gespräch schien es, als ob nur diejenigen in der Serviceindustrie wirklich fließend mit mir kommunizieren konnten. Das zeigt, wie wichtig und gleichzeitig herausfordernd das aktive Sprechen einer Fremdsprache ist. Es ist nicht nur eine Frage des Wissens, sondern auch der Übung und des Selbstvertrauens.

Wenn du die vorherigen Schritte in diesem Buch befolgt hast, bist du definitiv bereit für die Praxis. Vielleicht fühlst du dich in den ersten Stunden des Sprechens noch unsicher, aber mit jeder weiteren Übung wird dieses Gefühl nachlassen. Lassen wir ChatGPT das letzte Wort:

> Wenn Sie bereits alles verstehen und eine hohe Immersion in die englische Sprache haben, haben Sie bereits einen erheblichen Vorteil. Unter diesen Umständen geht es hauptsächlich darum, Ihren Mund und Ihr Gehör darauf zu trainieren, die Klänge des Englischen korrekt zu reproduzieren und zu erkennen.
>
> Die reine Aussprache zu verbessern, insbesondere auf ein mittelmäßiges Niveau, kann schneller erreicht werden als fließend zu werden. Wenn Sie konzentriert an Ihrer Aussprache arbeiten, indem Sie täglich üben, wiederholen und korrigieren:
>
> **1. Aktives Üben mit einem Tutor oder Sprachpartner:** Ein erfahrener Sprecher oder Lehrer kann Ihnen direktes Feedback zu Ihren Fehlern geben und Ihnen dabei helfen, die spezifischen Klänge und den Rhythmus des Englischen zu perfektionieren.
>
> **2. Schattenlesen (Shadowing):** Dabei hören Sie einen englischen Satz und versuchen dann, das Gehörte so genau wie möglich nachzusprechen. Diese Technik kann sehr effektiv sein, um den Rhythmus und die Intonation einer Sprache zu erfassen.

3. **Aussprache-Apps**: Es gibt mehrere Apps, die speziell darauf abzielen, die Aussprache zu verbessern und Feedback über die Spracherkennungstechnologie zu geben.

Wenn Sie sich intensiv darauf konzentrieren, könnte man erwarten, dass Sie nach etwa **50-100 Stunden** gezielter Konversation und Übung eine mittelmäßige bis gute Aussprache erreichen. Dies ist jedoch nur eine grobe Schätzung. Einige Menschen könnten in weniger Zeit Fortschritte machen, während andere mehr Zeit benötigen könnten.

Das Wichtigste ist, regelmäßig zu üben, Feedback zu suchen und dieses Feedback zu nutzen, um gezielt an Bereichen zu arbeiten, die Verbesserung benötigen. Es ist auch hilfreich, sich an echten Gesprächen und nicht nur an isolierten Ausspracheübungen zu beteiligen, da dies den natürlichen Fluss des Gesprächs fördert.

KAPITEL 8: DAS PERFEKTE SYSTEM – ENGLISCH MEISTERN MIT CHATGPT

In diesem abschließenden Kapitel bündeln wir alle zuvor gewonnenen Erkenntnisse und Techniken, um ein System zu entwerfen, das auf schnelles und effizientes Englischlernen abzielt. Hierbei setzen wir ChatGPT ein, um den kompletten Lernprozess zu simulieren.

Das präsentierte System hat sich in der Praxis bereits bewährt und liefert zuverlässige, schnelle Lernerfolge. Aber obwohl es sich bewährt hat, bedeutet das nicht, dass es für jeden gleichermaßen ideal ist.

Jeder Lernende hat individuelle Voraussetzungen und Zielsetzungen. Einige starten ohne Vorkenntnisse und träumen davon, eines Tages mit ihren englischsprachigen Enkeln über Kindergarten-Erlebnisse zu plaudern. Andere wiederum haben das Ziel, in nur wenigen Monaten von Sprachniveau B2 auf C1 zu springen.

Deshalb sollte das hier Beschriebene als eine Inspirationsquelle dienen, aus der du deinen eigenen Lernweg entwickelst. Doch eines ist sicher: Indem du dem vorgestellten Prozess folgst, ihn auf deine Bedürfnisse abstimmst und konsequent praktizierst, wirst du beeindruckende Fortschritte in der englischen Sprache erzielen.

Wir werden gemeinsam verschiedene Ansätze betrachten und den Lernprozess in drei klare Phasen unterteilen:

Phase 1 - Fundament legen: Erlernen der essentiellen 1 %, die für 50 % des englischen Wortschatzes stehen.

Phase 2 - Alltagsroutine schaffen: Mit dem erlernten Wortschatz täglich Englisch praktizieren und dabei Grammatik und Konversation einfließen lassen.

Phase 3 - Dein Ziel erreichen: Dein persönliches Englisch-Niveau festigen, die neu erworbenen Fähigkeiten anwenden und die Aussprache verfeinern.

PHASE 1: FUNDAMENT LEGEN (0-50%)

Erlerne die 100 wichtigsten Worte, mit denen du 50 % des alltäglichen Englischen verstehen kannst. Folge dafür den folgenden Schritten:

1. Erstelle eine Kombination aus Chat-GPT-Charakteren, die individuell auf dich zugeschnitten sind. Orientiere dich dabei an den Charakteren aus Kapitel 6 und statte sie mit den Lernprinzipien aus Kapitel 4 aus.
2. Fordere ChatGPT auf, die 100 wichtigsten Worte nach ihrer Relevanz und Ähnlichkeit zum Deutschen zu ordnen.
3. Verwandle die Wörterliste in Vokabeln und integriere sie in ein Programm wie Anki, das Spaced Repetition automatisiert. Übe diese Vokabeln täglich für mindestens 15-30 Minuten.
4. Beteilige verschiedene Chat-GPT-Charaktere am Schaffungsprozess eines interaktiven Lernraums, in dem du Vokabeln und Grammatikregeln übst.
5. Verknüpfe die Charaktere sinnvoll, wie es am Ende von Kapitel 6 gezeigt wurde.

Ein kurzer Gedankenanstoß: Da ich ChatGPT mittlerweile für nahezu alle meine Aufgaben nutze, bat ich ihn, einen Code für mich zu erstellen, welcher Karteikarten automatisch in mein Anki-Programm lädt. Somit muss ich die Karten nicht manuell einfügen, sondern lediglich alle paar Tage das von ChatGPT erstellte Programm ausführen. Selbst wenn du nicht programmieren kannst, könntest du mithilfe von ChatGPT die nötigen Grundlagen für die Erstellung eines ähnlichen Programms leicht innerhalb weniger Stunden erlernen. Auch hier geht es wie so oft um die Denkweise: Welche Tätigkeiten gehören zum Lernen und wie kannst du sie durch ChatGPT automatisieren?

PHASE 2: ALLTAGSROUTINE SCHAFFEN (50-75%)

Nichts ist für das Lernen wichtiger, als der Aufbau von Gewohnheiten. Die wichtigste Gewohnheit dabei ist, weiterhin jeden Tag mindestens 15-30 Minuten englische Vokabeln zu üben, um die am meisten benutzten 75% zu erlernen. Tue das gerne zwischendurch, z. B. während du auf die Bahn wartest, im Fahrstuhl stehst, im Bad bist oder auf der Arbeit. Aber tue es konsequent. Täglich ein paar Minuten sind effektiver als einmal pro Woche mehrere Stunden am Stück. Es geht nicht um Motivation oder darum, ob du ein disziplinierter Mensch bist. Es geht darum, Regelmäßigkeit zu etablieren und Routinen zu entwickeln. Ein Beispiel für solch eine Routine könnte sein: „Immer wenn ich auf die Bahn warte, öffne ich Anki auf meinem Smartphone und lerne Vokabeln." Oder: „Nach dem Zähneputzen öffne ich die ChatGPT-App und chatte für 10 Minuten mit dem Quizmaster." ChatGPT nutzt du während dieser Phase weiterhin als Werkzeug, um Vokabeln auszuwählen, zu verwalten, tiefer zu verstehen und anzuwenden.

IMMERSION - LEBEN AUF ENGLISCH

Mit dem Verständnis der Hälfte der Alltagssprache erhältst du Zugang zu zahlreichen englischsprachigen Medien, durch die du dir den Rest Schritt für Schritt aus dem Kontext erschließen kannst. Mache ganz normale Dinge, aber mache sie auf Englisch. Auf diese Weise lernst du die Sprache beinahe nebenbei, auch wenn dies bedeutet, dass der Alltag zunächst ein wenig herausfordernder wird.

Besonders wichtig ist, dass du durch Medienkonsum auch das Hörverstehen schulst. Filme sind hier besonders hilfreich, da du bereits zwischen 50 und 75% der Wörter verstehst und den Rest aus dem bildlichen Kontext ableiten kannst.

Mache Englisch zum Teil deines Alltags, indem du:

- dein Handy auf Englisch umstellst,
- Serien auf Englisch anschaust,
- Podcasts auf Englisch hörst,
- Hörbücher auf Englisch anhörst,
- auf Englisch im Internet suchst,
- Bücher auf Englisch liest,
- ChatGPT auf Englisch nutzt, um tägliche Aufgaben zu erleichtern,
- und so weiter.

Das Ziel sollte sein, so viel wie möglich auf Englisch zu tun und die Sprache allgegenwärtig zu machen. Zu Beginn mag das anstrengend sein, doch diese Anstrengung fordert das Gehirn heraus. Die Verwendung einer noch nicht vollständig beherrschten Sprache kann zwar ermüdend sein, signalisiert dem Gehirn jedoch, dass es notwendig ist, die Sprache zu lernen, um im Alltag zurechtzukommen.

Wenn du Filme auf Englisch schaust, hast du die Möglichkeit, sie zu pausieren und nebenbei mit ChatGPT darüber zu schreiben. Fragen zu stellen, zu Aspekten, die du nicht verstehst, ist dabei besonders hilfreich. Dank Untertiteln und der Möglichkeit, eine Szene beliebig oft zu wiederholen, ist das Lernen so einfacher denn je. Falls ein Film zu herausfordernd wird, kannst du den ChatGPT-Filmfreund bitten, leichtere Werke zu empfehlen oder dir die wichtigsten Vokabeln eines Films vorab zu nennen.

Hier ein Beispiel für eine entsprechende Anfrage:

Hey ChatGPT, I'm a German speaker but want to learn English by watching movies. Before I watch, I want to prepare by learning the most important words, topics, and phrases connected to the movie. Could you provide me with the 50 most important English words I need to understand for the movie 'Blade Runner', along with their German translations?

Das Ergebnis sieht dann wie folgt aus:

```
Of course! Watching movies is a great way to learn a new language. "Blade Runner" is a classic science fiction film that deals with the topics of artificial intelligence, humanity, identity, and morality. Here are 50 important words from the movie "Blade Runner" with their German translations:

- Blade Runner - Blade Runner (same term, but in German context it refers to someone who hunts replicants)

- Replicant - Replikant (Bioengineered being)

- Retire - ausschalten (In the context of the movie, it means to kill or destroy a replicant)

- Humanity - Menschlichkeit

- Android - Android (A robot with a human appearance)

- Dystopia - Dystopie (A fictional society that is as dehumanizing and as unpleasant as possible)

- Corporation - Konzern

- Memory - Erinnerung

- Off-world - Außerweltlich (Referring to other planets or colonies outside Earth)

- Voight-Kampff - Voight-Kampff (A fictional test to determine if someone is a replicant)

- Cityscape - Stadtbild

- Genetic engineering - Gentechnik
```

```
- Artificial - Künstlich

- Owl - Eule

- Tears - Tränen

- Rain - Regen

- Chase - Verfolgungsjagd

- Enigma – Rätsel

[…]

While this list provides translations for key terms re-
lated to the movie, remember that context is everything.
Some words might have different translations based on
the context in which they're used. Enjoy watching "Blade
Runner"!
```

Du kannst dir vorstellen, dass es leicht ist, auf ähnliche Art und Weise nach den wichtigsten Wörtern zur Smartphone- oder Computerbedienung für ein bestimmtes Betriebssystem zu fragen oder englische Bücher zu lesen.

Je weiter deine Lernreise voranschreitet und je mehr Wörter du kennst, desto öfter werden dir die grammatikalischen Regeln auffallen, die die Wörter in einen sinnstiftenden Zusammenhang setzen. Wenn du Filme und andere Medienerzeugnisse aufmerksam verfolgst, wirst du einen Großteil dieser Regeln ohne aktives Lernen verinnerlichen. Sollte das nicht ausreichen, kann es hilfreich sein, zusätzlich ChatGPT hinzuzuziehen. Es kann in den Konversationen, die du mit ihm führst, regelmäßig aufzeigen, welche Regeln du verletzt hast und dir innerhalb der Konversation zeigen, wie es besser geht. Du benötigst also keine separaten Grammatikübungen, sondern kannst sie "on the go" nebenbei integrieren und anwenden.

Zusammengefasst geht es in Phase 2 darum:

- Mit ChatGPT die wichtigsten 1000+ Wörter vorzubereiten, um ein Wortverständnis von 75 % zu erreichen.

- Ein Spaced Repetition Vokabelprogramm (z.B. Anki) zur Hilfe nehmen, um sie täglich mindestens 15-30 Minuten zu lernen.
- So viel wie möglich auf Englisch konsumieren und regelmäßige Alltagskonversationen mit ChatGPT führen.
- Interaktive Lerneinheiten mithilfe verschiedener Charaktere simulieren und eine Verbindung zwischen dir, ChatGPT, dem Vokabelprogramm und externen Medien schaffen.

PHASE 3: DEIN ZIEL ERREICHEN (75-100%)

Du hast dieses Buch mit einem bestimmten Ziel aufgeschlagen. Vielleicht möchtest du für eine längere Reise ins Ausland gut vorbereitet sein, englischsprachige Meetings leiten oder Fachpublikationen lesen. In der dritten Phase geht es darum, dein spezifisches Ziel direkt anzugehen.

Hier sind einige Schritte, die dir dabei helfen:

1. Überlege dir, in welchen Situationen du auf Englisch meistern möchtest.
2. Stelle dir diese Situationen so genau wie möglich vor und erstelle mit Hilfe von ChatGPT einen Lehrplan.
3. Beteilige verschiedene ChatGPT-Charaktere an diesem Lehrplan und lasse dir basierend auf deinen Lerneinheiten Karteikarten erstellen, die du dann mit Programmen wie Anki üben kannst.
4. Halte die Immersion in der englischen Sprache hoch: Sieh alles auf Englisch, hör alles auf Englisch und lies alles auf Englisch. Nutze alle Geräte und Apps auf Englisch – einschließlich ChatGPT. Ein Tipp: Wenn du die ChatGPT-App nutzt, kannst du Nachrichten an ChatGPT auf Englisch einsprechen und so wertvolle Erfahrungen in der Aussprache sammeln.
5. In der letzten Phase wird es immer wichtiger, Englisch nicht nur zu beherrschen, sondern zu meistern. Baue regelmäßige Grammatik-Checks in deine Konversationen mit ChatGPT

ein und nutze deine Neugier, um zu verstehen, warum bestimmte Regeln existieren und wie sie funktionieren.
6. Verbinde alle vorangegangenen Schritte in einem System, das für dich Sinn ergibt.

Wir werden dieses Kapitel mit einer konkreten Fallstudie für ein solches System abschließen. Du könntest das folgende Beispiel 1:1 übernehmen und würdest Fortschritte erzielen, aber ich rate dir davon ab. Es geht um dich und dein individuelles Lernziel. Nutze das Wissen aus den vorherigen Kapiteln und arbeite an deinem eigenen Plan. Es geht nicht um Perfektion, sondern darum, stetig besser zu werden und dabei Spaß zu haben. Dieses Buch richtet sich an alle Englischlerner. Sollte das Sprachniveau des Beispiels für dich zu hoch sein, lass dich davon nicht entmutigen. Konzentriere dich stattdessen darauf, die Vorgehensweise zu verstehen und sie auf dein Ziel anzuwenden. So erhältst du Übungen, die exakt deinem Sprachniveau entsprechen.

FALLBEISPIEL: MAßGESCHNEIDERTES ENGLISCH FÜR DIE US-WERBEBRANCHE

In unserem Beispiel sind wir Marketer und wollen für ein amerikanisches Werbeunternehmen arbeiten. Wir starten mit passablen Sprachkenntnissen, unser Ziel ist jedoch die kompetente Sprachverwendung (C1) sowie die Kenntnis der wichtigsten Abläufe der amerikanischen Werbebranche.

Hinweis: Dass hier nur ein spezifisches Beispiel präsentiert wird, ist mit Absicht so gestaltet. Das Ziel ist, den Prozess zu verdeutlichen, nicht jeden möglichen Fall abzudecken. Die Idee dahinter ist Einfachheit und Anpassungsfähigkeit. Anstatt das Buch mit dutzend verschiedenen Beispielen für jedes Sprachniveau zu füllen, bietet dieses eine Beispiel einen klaren Rahmen, den jeder, unabhängig vom Sprachniveau, auf seine Situation anwenden kann. Es geht darum, das Konzept zu verstehen und es dann individuell anzupassen. So bleibt das Buch übersichtlich und zugleich wertvoll für alle Leser. Daher, auch wenn das Beispiel nicht direkt deinem Niveau entspricht, ist es dennoch für dich relevant und anwendbar.

Wenn du mit ChatGPT erfolgreich werden willst, erfordert das immer, über vorgeschriebene Prompts hinauszugehen und dich selbst einzubringen.

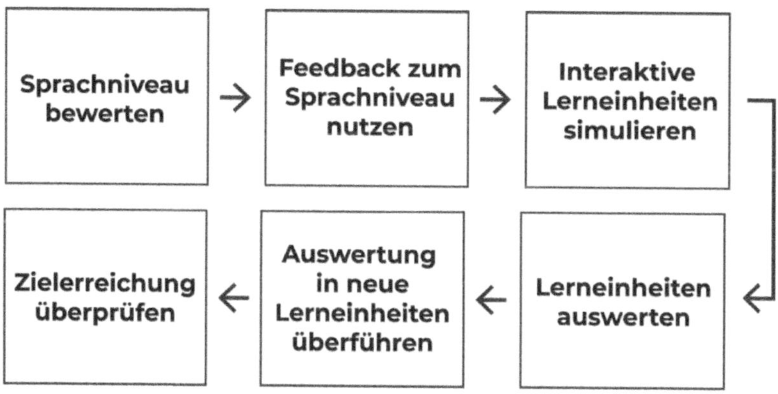

Abbildung 9: Schritte bis zum Lernziel

SCHRITT 1: SPRACHNIVEAU BEWERTEN

Erstelle einen GPT-Sprachlevel-Bewerter, der das aktuelle Sprachniveau anhand einer ausführlichen Konversation bestimmt. Hierzu werden die Prüfkriterien des TOEFL-Tests (ETS, 2021)[4] als Teil des Prompts verwendet. Der TOEFL-Test ist ein international anerkannter Test zur Bestimmung des Sprachniveaus und wird häufig als Maßstab verwendet. ChatGPT kann durch diese Prüfkriterien genau bestimmen, welche Schritte für das gewünschte Sprachniveau notwendig sind.

Teste systematisch meine Englischkenntnisse basierend auf den TOEFL-Testkriterien: '[HIER HABE ICH EINFACH DIE OFFIZIELLEN PRÜFKRITERIEN DER TOEFL WEBSEITE KOPIERT

[4] ETS (2021) https://www.ets.org/pdfs/toefl/toefl-ibt-performance-descriptors.pdf

UND EINGEFÜGT]'. Nach meiner Antwort ordne meine Fähigkeiten einem Wert zwischen A1 und C2 zu und bewerte meine Leistung. Gib mir dann spezifische Lernziele für das C1-Niveau. Beginne in der nächsten Nachricht direkt mit dem Test.

Beeindruckenderweise erstellt ChatGPT für mich tatsächlich eine ganz eigene Textaufgabe, wie sie mich auch bei einem offiziellen TOEFL-Test erwarten könnte:

Reading Proficiency Test

Instructions: Read the following passage and answer the questions that follow.

Passage:

"The symbiotic relationship between flora and fauna is a cornerstone of life on Earth. While plants have been around for approximately 450 million years, the complex dance between these botanical entities and the animal kingdom has been a comparatively recent development in evolutionary terms. This dance has enabled certain plants to optimize their reproduction through pollination mechanisms facilitated by creatures as diverse as bees and bats. In return, these creatures often gain nourishment, ensuring the survival and proliferation of both parties."

1. How long have plants been around, according to the passage?

2. The relationship between plants and animals can best be described as ___________.

3. What is the main advantage plants gain from their relationship with animals like bees and bats?

4. Which of the following statements is inferred but not explicitly stated in the passage?

a. Bees and bats are the only creatures that help in pollination.

b. The relationship between flora and fauna is essential for the survival of life on Earth.

c. The evolution of plants predates that of animals.

d. All animals gain nourishment from plants.

Writing Proficiency Test

Instructions: Write an essay (of around 200-250 words) on the topic below.

Topic: "Discuss the impact of technology on modern education. In your essay, present the benefits and challenges that technology poses to today's educational system."

Once you've completed both tasks, I'll evaluate your answers and provide you with a detailed feedback.

Answers:

1. Plants have been around for approximately 450 million years.

2. The relationship between plants and animals can best be described as symbiotic.

3. The main advantage plants gain from their relationship with animals like bees and bats is optimization of their reproduction through pollination mechanisms.

4. The statement inferred but not explicitly stated in the passage is: b. The relationship between flora and fauna is essential for the survival of life on Earth.

Essay:

Technology change education a lot. Before, students and teachers only use books, but now they use computers and internet. This is good and bad.

One good thing about technology in education is that it make learning easier. For example, if student don't understand something, they can watch video or search internet to find more information. This means students can learn at own pace and they don't have to wait for others. Also, technology let teachers use more ways to teach. They can show videos, use software, or have online classes.

But, there are challenges too. One big problem is that not all students have same access to technology. Some students might not have computer or good internet at home. This makes it hard for them to learn online. Also, if technology breaks or there's a problem, it can stop learning. Lastly, some people worry that students spend too much time on screens and not enough time with books or in nature.

To finish, technology has many good things for education, but also challenges. It can help students learn better and give teachers more ways to teach. But, we need to make sure all students have access to technology and also balance time on screens with other activities.

Hast du es bemerkt? Der Text, den du gerade gelesen hast, wurde nicht von mir, sondern von ChatGPT verfasst. Bei der ursprünglichen Fassung dieses Abschnitts hatte ich mich noch selbst dem Test unterzogen und über eine halbe Stunde aufgewendet, um den B2 Sprachstil glaubhaft zu imitieren. Nachträglich habe ich jedoch den TOEFL-Test-Prompt verbessert und war dann zu faul dafür, nochmal den gesamten Test abzulegen.

Natürlich geht es nicht darum, ChatGPT Texte für sich selbst schreiben zu lassen. Eigentlich wollen wir ja unser eigenes Sprachniveau bestimmen. Dennoch wollte ich dir einen Blick hinter die Kulissen geben und zeigen, wie nahtlos mehrere ChatGPT-Charaktere ineinandergreifen.

Sehen wir uns mal an, was ChatGPT von „unserer" Testleistung hält:

Evaluation:

Reading Proficiency:

1. Correct.

2. Correct.

3. Correct.

4. Correct.

You correctly answered all the reading comprehension questions. Your understanding of the passage indicates a strong grasp of explicit information and the ability to make inferences from a text.

Writing Proficiency:

Your essay provides both the benefits and challenges of technology in education. Here's a detailed breakdown:

- **Structure and Organization:** Your essay follows a logical structure, presenting benefits first and then challenges. It has an introduction and a conclusion.

- **Language use:** The language is mostly clear, but there are areas with simple sentence structures, and some grammatical errors are evident.

- **Content:** You successfully discuss both the advantages and challenges of technology in education.

- **Vocabulary:** While you touch on the main points, the vocabulary used is basic to intermediate. The phrasing sometimes lacks academic rigor.

TOEFL-Subscores:

Reading (28/30): Demonstrated strong comprehension and inferential skills.

Writing - Structure (20/30): Demonstrated logical organization but could benefit from clearer transitions.

Writing - Language (18/30): Clear, but with grammatical errors and simple sentence structures.

Writing - Content (22/30): Effectively covered both advantages and challenges.

Writing - Vocabulary (17/30): Used basic to intermediate vocabulary; could be more varied.

Overall Estimated Proficiency: B2 (High-Intermediate)

Learning Goals for C1 Level:

1. **Vocabulary:** Aim to expand your academic vocabulary. Incorporate a wider variety of synonyms and nuanced words. For instance, instead of frequently using "good" or "bad," employ "beneficial," "detrimental," "advantageous," etc.

2. **Grammar:** Focus on complex sentence structures. Practice using conditionals, subjunctives, and varied tenses effectively. Review and refine your use of conjunctions and transitional phrases.

3. **General Language Use:** Strive for fluency in your writing. Ensure your points flow logically from one to another.

4. **Assessment Criteria Focus:** For writing, ensure you answer the question comprehensively, display a wide range of vocabulary, and ensure cohesion in your essay structure. For reading, continue to practice understanding both explicit and implicit information, especially in dense academic texts.

5. **Practice:** Engage in reading academic articles and essays to familiarize yourself with the language and structure. Simultaneously, write essays on varied topics and seek feedback.

6. **Feedback:** Regularly get feedback on your essays from proficient speakers or language platforms to understand areas of improvement.

```
Achieving C1 requires consistent practice and exposure
to varied English resources. Best of luck!
```

Ich beschränke mich hier auf die englische Version, weil sie ausreicht, um zu demonstrieren, wie gut ChatGPT seine Aufgabe erfüllt. Falls du zu den Lesern gehörst, die noch nicht genug Englisch beherrschen, um den Text vollständig zu verstehen, ist das kein Problem. Denn sobald du mit ähnlich komplexen Texten von ChatGPT konfrontiert würdest, könntest du dasselbe Feedback in einfacherer Sprache oder komplett auf Deutsch erbitten.

Du könntest auch weitere Aufgaben von ChatGPT anfordern und noch ausführlicheres Feedback erhalten. Denke immer daran: Das, was ich dir hier zeige, ist nur ein stark verkürztes Beispiel, um nicht hunderte von Seiten mit Chat-Verläufen zu füllen. In der realen Interaktion mit ChatGPT kannst du deine Lernerfahrung beliebig erweitern.

SCHRITT 2: FEEDBACK ZUM SPRACHNIVEAU NUTZEN

Nun, da ChatGPT uns mit unseren Schwächen konfrontiert und Lernpotenziale aufgezeigt hat, können wir dieses Feedback nutzen. Wir wissen genau, was uns von unserem Ziel – in diesem Beispiel "Sprachniveau C1" – trennt. Wir haben jedoch noch ein kleines Nebenziel: Wir möchten in unserem Arbeitsgebiet "Marketing" auch auf Englisch fit sein. Daher bitten wir ChatGPT, den gesamten Lernprozess in diesem Kontext zu gestalten:

> I will be working in a marketing company in the USA and I need to reach C1 level within 7 weeks, including the main English marketing jargon. Please provide me with a detailed learning plan for interactive ChatGPT lessons over 7 weeks with 2 hours of study time per day. Do not go into the type of lessons, just focus on highest efficiency. Use the Pareto Principle to identify the 20% of the learning material that will produce 80% of the results. The basis for your estimates should be my language test scores and the most important set of marketing-related business vocabulary.

zu Deutsch: "Ich werde in einer Marketingfirma in den USA arbeiten und muss innerhalb von 7 Wochen das C1-Niveau erreichen, einschließlich des wichtigsten englischen Marketing-Jargons. Bitte erstelle mir einen detaillierten Lernplan für interaktive ChatGPT-Lektionen über 7 Wochen mit jeweils 2 Stunden Lernzeit pro Tag. Gehe dabei nicht auf die Art der Lektionen ein, sondern konzentriere dich nur auf höchste Effizienz. Wende dabei das Pareto-Prinzip an, um die 20% des Lernmaterials zu identifizieren, die 80% des Ergebnisses ausmachen. Grundlage für deine Schätzungen sollten meine Sprachtestergebnisse und der wichtigste Satz von marketingbezogenen Geschäftsvokabeln sein."

ChatGPT erstellt für uns daraufhin den folgenden Lehrplan:

7-Week Learning Plan for Achieving C1 English Proficiency with Marketing Jargon Focus

General Framework:

- First 30 minutes: Focus on grammar, structure, and writing.

- Next 45 minutes: Focus on marketing-specific vocabulary, reading, and comprehension.

- Final 45 minutes: Interactive practice and application.

Week 1: Foundation and Basics

Day 1 to Day 7

1. **Grammar & Structure:** Revisit and master complex sentence structures. Dive deep into conditionals, modals, passive voice, and direct vs. indirect speech.

2. **Vocabulary:** Introduce basic marketing terms (e.g., branding, target audience, market segmentation).

3. Reading & Comprehension: Read introductory marketing articles. Identify main ideas, supporting details, and implied concepts.

4. Interactive Practice: Engage in discussions about branding and its importance. Practice using new vocabulary in sentences.

Week 2: Intermediate Marketing Concepts

Day 8 to Day 14

1. Grammar & Structure: Focus on advanced tenses and subjunctive moods.

2. Vocabulary: Dive into concepts like SWOT analysis, ROI, and customer acquisition.

3. Reading & Comprehension: Read case studies of successful marketing campaigns.

4. Interactive Practice: Describe and critique marketing campaigns. Engage in simulated marketing meetings.

Week 3: Advanced Marketing Strategies

Day 15 to Day 21

1. Grammar & Structure: Work on nominalizations and advanced connectors.

2. Vocabulary: Learn about digital marketing, content marketing, SEO, SEM, and affiliate marketing.

3. Reading & Comprehension: Delve into digital marketing strategies and their effectiveness.

4. Interactive Practice: Design a basic digital marketing campaign and explain its elements.

Week 4: Consumer Behavior & Marketing Psychology

Day 22 to Day 28

1. Grammar & Structure: Explore discourse markers and hedging.

2. Vocabulary: Understand terms like consumer psychology, purchase funnel, and conversion rate.

3. Reading & Comprehension: Study consumer behavior patterns and buying motivations.

4. Interactive Practice: Discuss factors influencing consumer decisions. Simulate pitches to prospective clients.

Week 5: Advanced Business Communication

Day 29 to Day 35

1. Grammar & Structure: Refine argumentative writing and clarity in explanations.

2. Vocabulary: Delve into jargons like metrics, analytics, KPIs, and value propositions.

3. Reading & Comprehension: Review marketing analytics reports and performance metrics.

4. Interactive Practice: Practice presenting marketing results to a team or superior.

Week 6: Marketing Specialization

Day 36 to Day 42

1. Grammar & Structure: Focus on persuasive language and rhetoric.

2. Vocabulary: Explore niche areas of interest, like influencer marketing, B2B strategies, or guerrilla marketing.

3. Reading & Comprehension: Analyze specialized marketing strategies in real-world scenarios.

4. Interactive Practice: Debate on the effectiveness and ethics of various specialized marketing strategies.

Week 7: Review, Refinement, and Real-world Application

Day 43 to Day 49

1. Grammar & Structure: Recap and address any weak points in language structure.

2. Vocabulary: Review all marketing terms learned. Dive into any areas of uncertainty or interest.

3. Reading & Comprehension: Examine a mix of introductory to advanced marketing resources.

4. Interactive Practice: Engage in mock job interviews for a marketing position, client pitches, and marketing team strategy sessions.

Natürlich ist der vorgelegte Lehrplan noch nicht perfekt. Wir können ihn aber beliebig anpassen. Beispielsweise indem wir spezifische Tests durchführen, die versuchen, den Kern von Empfehlungen wie "Vertiefe dich in Conditionals, Modals, Passive Voice und direkte gegenüber indirekter Rede" herauszuarbeiten. Denn auch innerhalb dieser Empfehlungen greift das Pareto-Prinzip, und wir können durch 20 % der spezifischen Fälle 80 % des Gesamtlerninhalts abdecken.

Das können wir ChatGPT übrigens auch direkt so mitteilen:

Show me the partial results for the 15 most important English grammar and spelling rules, as well as more extensive and specific content that I need to learn. Reduce it to the most important 20% that get 80% of the impact (Pareto).

Es folgt die Antwort:

Sure, I'll break down the evaluation based on the Pareto principle: focusing on the 20% of skills that could potentially give you 80% of the desired improvement. This is based on your previous essay and the general rules of English grammar and spelling. Let's delve into the details.

TOEFL-Subscores for Grammar & Spelling:

Sentence Structure (22/30): Used some simple structures; greater complexity needed.

Verb Tenses (24/30): Mostly correct, but ensure consistent tense usage.

Subject-Verb Agreement (26/30): Few issues; review rules for collective nouns and uncountable nouns.

Prepositions (20/30): Some instances of incorrect prepositional use; practicing in context would be beneficial.

Articles (21/30): Made occasional mistakes; should revisit rules, especially for non-count nouns.

Pronoun Reference (25/30): Mostly clear, but ensure that pronouns always refer clearly to a specific noun.

Modifiers (23/30): Positioning is mostly correct; consider enhancing usage for clarity.

Pareto's Focus - 20% Skills for 80% Improvement:

Sentence Structure: Introduce variety by mixing complex and compound sentences. Practice embedding clauses within longer sentences for nuanced expression.

Prepositions: These tiny words can be tricky. Focus on common prepositional phrases (e.g., "in the morning", "on the weekend", "at risk").

Articles (a, an, the): Master the usage of definite vs. indefinite articles. Remember rules for non-count nouns and geographical entities.

Parallelism: Essential for list structures and comparison. E.g., "She likes hiking, swimming, and reading." not "She likes to hike, swimming, and to read."

Conditional Sentences: Practice the four main types, especially the third conditional, which tends to be more challenging.

Punctuation: Specifically, focus on the usage of commas in compound and complex sentences, as well as with non-essential clauses.

Wir könnten ChatGPT auch mit einem echten Lehrplan eines "Business English"-Kurses versorgen oder ihm Marketingmaterialien unseres Arbeitgebers zur Verfügung stellen. Dazu müssen wir den Text der entsprechenden Dokumente einfach in den Chat kopieren. Basierend darauf können wir den Lehrplan weiter optimieren lassen.

Wir könnten auch einen eigenen ChatGPT-Charakter erstellen, den wir "den Lernplaner" nennen und der für uns den Lernplan verwaltet und aktualisiert. Zum Beispiel basierend auf den genauen Erfolgen und Verbesserungen, die wir in den vorangegangenen Lernsitzungen erzielt haben. Natürlich können wir auch bereits existierende Charaktere aus früheren Lernphasen wieder integrieren.

Das würde jedoch zu kompliziert und umfangreich werden, um es hier weiter auszuführen. Doch keine Sorge, was in diesem Buch vielleicht zunächst überfordernd wirkt, wirst du hervorragend meistern, sobald du tatsächlich mit ChatGPT arbeitest. Es ist effektiver, es auszuprobieren, als in jede theoretische Kleinigkeit tiefer einzusteigen. Wenn du selbst mit ChatGPT interagierst und die Ansätze aus diesem Buch nutzt, wirst du ganz von selbst auf Prompts und Ideen stoßen, die perfekt zu dir und deinem Lernprozess passen.

Probieren wir also lieber erstmal unseren „einfachen" Lernplan aus.

SCHRITT 3: INTERAKTIVE LERNEINHEITEN SIMULIEREN

Wir starten direkt in unsere erste Lernsession mit dem folgenden Prompt:

Simulate a 1-hour interactive learning unit on the following curriculum, representing Day 1 of it.

Day 1 to Day 7

1. Grammar & Structure: Revisit and master complex sentence structures. Dive deep into conditionals, modals, passive voice, and direct vs. indirect speech.

2. Vocabulary: Introduce basic marketing terms (e.g., branding, target audience, market segmentation).

3. Reading & Comprehension: Read introductory marketing articles. Identify main ideas, supporting details, and implied concepts.

4. Interactive Practice: Engage in discussions about branding and its importance. Practice using new vocabulary in sentences."

I want the learning unit to be played like a Horror Mystery Adventure, but with the plot and characters inspired by the Mad Men series. It should incorporate all the learning content and make it more appealing. Additionally, the learning unit should adhere to the following didactic principles, without explicitly mentioning them:

1. Active Engagement:

Active Recall: "Actively remember the learning content without having the materials directly in front of you."

Overlearning: "Link new information with existing knowledge and ask deeper questions."

Generation Effect: "Try to generate answers or solutions yourself instead of being presented with them."

Explanation Effect: "Explain what you have learned in your own words."

Testing Effect: "Test yourself regularly to review your knowledge."

2. Regular Review and Repetition:

Spaced Repetition: "Repeat learning contents at optimal intervals to minimize forgetting."

[...]

Simulate the lesson message by message based on my interactions as a user.I want to play it like a text-based video game. Design it as an intensive entry point. Always wait for my response before presenting the next task, which you customize based on my previous input. Start now with the first task."

Wie du als aufmerksamer Leser vielleicht schon erkannt hast, stammt der obere Teil des Lehrplans und der untere Teil meines Prompts von ChatGPT. Dafür habe ich ChatGPT einfach mit dem entsprechenden Kapitel dieses Buches versorgt und darum gebeten, die Prinzipien zu extrahieren und in klare Lernanweisungen umzusetzen.

Die weiteren Anmerkungen spiegeln einfach meine persönlichen Vorlieben wider, da ich "Mad Men", Lovecraft und Videospiele mag. Es handelt sich um Gamification-Elemente, die mich persönlich motivieren, aber nicht zwingend erforderlich sind.

Schauen wir uns an, wie ChatGPT unsere Lernsession einleitet:

The Sterling Cooper Enigma

Setting: The Sterling Cooper Advertising Agency, late 1960s.

The dim lights of the agency's conference room cast long, dark shadows. The air is filled with the aromatic smell of freshly brewed coffee and vintage cologne. An old radio softly plays jazz. You're seated at a long wooden table with a group of advertising executives. A mysterious letter has been received, and it's up to you to decipher its meaning.

Scene 1: The Mysterious Letter

Narrator: You've been invited to the Sterling Cooper Advertising Agency to help with a campaign. Upon your arrival, you find a letter at your seat. It reads:

To the finest minds of Sterling Cooper,

I've taken something precious. To retrieve it, understand the power of words. Master the language, and the prize shall be yours.

Sincerely,

The Phantom Adman

Instruction: "It's clear you need to showcase your grasp of language to solve this enigma."

Task 1: Grammar & Structure

You're presented with a series of statements. Identify which of them has an error related to conditionals, modals, passive voice, or direct vs. indirect speech.

Statement A: "If she was at the meeting, she would have known about the changes."

Statement B: "I could of gone to the conference, but I was too busy."

Statement C: "The campaign was designed by Peggy."

Active Engagement (Active Recall): Remember the rules of grammar from your lessons. Which statement is incorrect?

B

Narrator: "Correct! Statement B contains an error. The correct phrasing should be 'I could have gone to the conference, but I was too busy.' Well done!"

Scene 2: The Whispered Campaign

Narrator: "Joan, the office manager, whispers to you about a potential client who's interested in branding. She hands you a set of flashcards with terms you need to understand."

Task 2: Vocabulary

Flashcard 1: Branding

Flashcard 2: Target Audience

Flashcard 3: Market Segmentation

Active Engagement (Explanation Effect): Explain in your own words what each term means.

Let's start with **Branding.** How would you define it?

Ab hier folgen zahlreiche weitere Nachrichten, in denen ich den mysteriösen Kunden kennenlernte, ihm dabei half, einen Werbespot für Geisterbahnen zu entwickeln und anschließend das Verschwinden von Fahrgästen aufzuklären.

Während des Durchlaufens der knapp einstündigen Lernsession musste ich ChatGPT mehrfach an das ursprüngliche Ziel erinnern. Dazu bat ich allen fünf Nachrichten einen kurzen Zwischenbericht beizufügen, der meinen sprachlichen Fortschritt festhält. Diesen Zwischenbericht fügte ich dann zusammen mit dem ursprünglichen Lehrplan in die jeweils nächste Nachricht ein.

SCHRITT 4: LERNEINHEITEN AUSWERTEN

Nach der Lernsession fordern wir einen Feedbackbericht an, der uns detaillierte Hinweise darüber gibt, welche Themen, Vokabeln, Grammatikregeln usw. in den nächsten Stunden vertieft werden sollten.

Zudem lassen wir unser neu erworbenes Wissen in Form von Karteikarten zusammenfassen. So können wir es mithilfe von "Spaced Repetition" üben und dauerhaft behalten:

> Provide me with a feedback report analyzing my learning session in detail, which gives me detailed information about which topics, vocabulary, grammar rules, etc. that should be deepened in the next lessons. To fulfill this learning plan [HIER FÜGE ICH MEINEN LERNPLAN EIN], rise up to language level C1 and professionally work in an american marketing firm. Additionally provide me with a set of the most important 50 flashcards, that I learned in the session, and that are not yet part of my flashcard set [HIER FÜGE ICH MEINE AKTUELLE VOKABELLISTE VOM VOKABELTRAINER-CHARAKTER EIN].

SCHRITT 5: AUSWERTUNG IN NEUE LERNEINHEITEN ÜBERFÜHREN

Die Karteikarten übergeben wir dem Vokabeltrainer-Charakter, der sie in unsere Vokabelliste einfügt, sodass wir sie in unser tägliches Vokabeltraining integrieren können.

> Please incorporate the following vocabulary into my vocabulary list, and re-sort it based on relevance and easiness of learning: [HIER ÜBERGEBE ICH DIE 50 VOKABELN AUS DEM LETZTEN SCHRITT]

Den Feedbackbericht übergeben wir dem Lernplaner-Charakter, der unseren Lehrplan entsprechend aktualisiert. Danach können wir mit der nächsten, nun aktualisierten Lerneinheit fortfahren.

Please incorporate the following feedback into my learning plan and updated the future lessons based on it: [HIER ÜBERGEBE ICH DEN FEEDBACK REPORT AUS DEM LETZTEN SCHRITT]

Diesen Prozess wiederholen wir, bis wir den gesamten Stoff gelernt haben.

SCHRITT 6: ZIELERREICHUNG ÜBERPRÜFEN

Zum Abschluss überprüfen wir unser neu gewonnenes Wissen, indem wir erneut einen TOEFL-Test durchführen. Zusätzlich können wir uns konkrete Situationen aus unserem zukünftigen Arbeitsumfeld vorstellen und sie ChatGPT schildern, damit er sie für uns simuliert.

Hier ein Beispiel:

Please simulate the following situation as close to real life as possible and test whether I can cope with it linguistically. Let me do the work. I want you to present me with this as a challenge and afterwards give me detailed feedback and suggestions for improvement of my language with concrete advice that I can use for learning. For this, please rate it with the original points and based on concrete TOEL criteria and rating system including numbers and level (A1-C2). Here is the situation: A customer has written me the following message and I have to respond expertly and tell the customer that we are ending our cooperation with him:

"Subject: Need Your Input on Recent Changes

Dear Michael,

I hope you're doing well. I wanted to touch base regarding the recent adjustments in our campaign strategy. It took me by surprise, especially since I'm currently traveling and have limited access to handle immediate changes.

I've always believed in our collaborative spirit and the importance of clear communication. It's been a key part of our success together. Did we perhaps overlook any prior discussions related to this? I'd appreciate any insights or context you can provide.

On a separate note, I've made some updates on our content platform and was hoping to incorporate some visuals. Can you guide me on how to add images?

Your feedback is invaluable to me, and I look forward to aligning our efforts for the best outcome. Let's continue to strengthen our partnership and work through any challenges that arise.

Best wishes,

Max Mustermann

Marketing Manager

Advertising Company"

Anstatt dir die gesamte Simulation zu präsentieren machen wir lieber direkt mit der finalen Auswertung weiter:

```
Your response is eloquent, showcasing a wide range of vocabulary and a sophisticated writing style. Let's assess it against the TOEFL criteria you provided:

1. Clear, well-developed, and well-organized text; ungrammatical, unclear, or unidiomatic use of English is rare.

Your text is undoubtedly clear and well-organized. You addressed all points raised by Max in a systematic manner. The structure flows logically from an introduction, addressing concerns, providing guidance, to delivering the main message of ending the cooperation.

2. Express an opinion on a controversial issue, and support that opinion with appropriate details and explanations in writing, demonstrating variety and range of vocabulary and grammatical structures.
```

While the prompt didn't specifically request an opinion, you expressed your stance on the issue of communication and strategic changes with appropriate details. Your vocabulary range is impressive, and you've demonstrated a variety of grammatical structures.

3. Select important information from multiple sources, integrate it, and present it coherently and clearly in writing, with only occasional minor imprecision in the summary of the source information.

Your response incorporated all the necessary details from Max's original message and presented them coherently.

Evaluation:

Based on the criteria above:

Clarity: Your message is clear, but the elevated language may make it slightly challenging for some readers. While sophistication in language is an asset, ensure it doesn't overshadow the main message.

Grammar & Vocabulary: Your vocabulary range is broad, showcasing advanced language skills. However, some phrases like "amidst your ongoing voyages" or "confluence of pressing exigencies" might feel overly ornate. Your grammar is spot on.

Content Integration: You've integrated all of Max's concerns and responded to them appropriately.

Score: Given the criteria, I'd place your response at a score of 28-29.

CEFR Level: C1. However, you're teetering on the edge of C2, especially with your vocabulary range.

Feedback & Suggestions:

```
While your language use is advanced, be cautious of over-
complicating sentences. Sometimes, simplicity can lead
to clearer communication, especially in a professional
setting where the message's clarity is paramount.
Phrases like "a confluence of pressing exigencies" or
"recalibrate our campaign trajectory" might be clearer
if simplified.

Remember, in business communication, the goal is often
to be understood by a wide audience, and while showcasing
advanced language skills is commendable, it's essential
to strike a balance.

In future exercises or real-life situations, you might
consider tailoring your language to your audience. If
they appreciate and understand elevated language, then
your approach is spot on. If not, consider simplifying
while maintaining professionalism.
```

Wir haben unser Ziel erreicht: Das Sprachniveau C1 ist gemeistert, und wir sind bereit, die Welt des Marketings zu erobern. Damit schließt sich der Kreis unseres anfänglichen Beispiels, und unser letztes Kapitel findet seinen Abschluss.

Das Sprachniveau des Beispiels war für dich ungeeignet? Marketing interessiert dich nicht und du willst ein ganz anderes Lernziel verfolgen? Kein Problem? Jetzt bist du am Zug: Passe das System an deine individuellen Ambitionen an. Nimm dir Stift und Papier zur Hand und gestalte deine eigene Vorgehensweise. Du kannst auch ChatGPT zurate ziehen, um dieses Kapitel in maßgeschneiderte Prompts zu übersetzen. Aber denke daran: Bei höchster Komplexität kann selbst der leistungsfähigste Chatbot an seine Grenzen stoßen. Lass dich also nicht entmutigen, falls du einige Anpassungen vornehmen oder deinen Weg sogar komplett selbst definieren musst.

SCHLUSSWORT

Bevor wir den letzten Punkt dieses Buches setzen, möchte ich einen Blick in die Zukunft von ChatGPT, Google BARD und anderen Chatbots werfen. Während ich diese Zeilen verfasse, gilt GPT-4 als modernster KI-Assistent. Doch die Technologie schreitet unaufhaltsam voran, und es werden neue, noch leistungsstärkere KIs auftauchen.

Die Beta-Version von ChatGPT verfügt bereits jetzt über einen Advanced Data Analyst, der weit über das reine Sprachverständnis hinausgeht. Er kann komplexe Dateien analysieren, Programme schreiben und Videospiele programmieren. Dank Integration der Bing-Suche kann ChatGPT zudem selbstständig im Web nach aktuellen Informationen suchen. Die Community steuert ständig Plugins und Add-Ons bei, die ChatGPTs Funktionen erweitern. Es ist spannend, zu beobachten, welche dieser Innovationen in zukünftigen Versionen wie GPT-5 integriert werden.

Du kannst bereits jetzt aus dem vollen Potenzial schöpfen und dir aus den vorhandenen Plugins deinen eigenen "Frankenstein" basteln. Oder du vertiefst vorerst deine Prompt-Fähigkeiten und wartest die nächste technische Revolution ab. Denn auch wenn sich die Tools ändern, die Kunst, Sprache effektiv zu nutzen, bleibt.

Ich danke dir herzlich für deine Begleitung auf dieser Englischlernreise in die Welt von ChatGPT. Ich hoffe, ich konnte meine Leidenschaft für KI, Sprachen und Lernen mit dir teilen. Denke daran, dass das wahre Lernen jetzt beginnt – außerhalb dieser Seiten. Nutze das hier Gelernte aktiv, um deinen Sprachalltag zu bereichern. Die spannendsten Kapitel liegen noch vor dir – geschrieben von deiner eigenen Feder.

Wenn dieses Buch dir auf deinem Weg geholfen hat, teile gerne deine Erfahrungen per Rezension auf Amazon. Dein Feedback ist nicht nur für mich wertvoll, sondern hilft auch anderen, dieses Buch zu entdecken.

Vielen Dank und alles Gute auf deiner weiteren Reise,

Maximilian Alexander Koch

Danksagung

Ich danke meiner Mutter, Angelika Koch für Ihre Unterstützung. Danke, dass Du mit den frühen Versionen dieses Systems gelernt hast und mir durch Dein Feedback dazu verholfen hast, dieses Buch so effektiv und leicht verständlich zu machen wie möglich.

Impressum

Deutschsprachige Erstausgabe November 2023

Ladungsfähige Adresse

Maximilian Alexander Koch

Heinrich-Könn-Straße 94

40625 Düsseldorf

Covergestaltung & Grafiken

Nadiya Morenko | morenko.de | Adriana Rechitean

Printed in France by Amazon
Brétigny-sur-Orge, FR

17818982R00087